6歳までにかしこい脳をつくる

奇跡の幼稚園メソッド

小崎孝子（ふたば幼稚園園長）

特別対談 藤野武彦（九州大学名誉教授、医学博士）

志《し》賀《かの》島《しま》がふたば幼稚園の園庭です!

沖津宮（勝馬）

志賀島の北西部の沖合いにある小島。夏休みには卒園児親子も参加して磯遊びを楽しみます。沖津宮には天御中主神（宇宙の始まりの最初に現れた神）が祀られています。

岩登り

高天原と言われている場所で、園児たちは存分に岩登りを楽しみます。

野山散策

----- の囲み内では春と秋は、生き物探しや季節の植物を間近に見ながら散策を楽しみます。

畑

スイカ、カボチャ、大根、人参などを植えています。

田んぼ

勝馬小学校と共にもち米を植えて秋に収穫。3学期におはぎ作りをします。

磯遊び

ウニ、岩ビナ（貝）、エビなど、子どもの手でも採れる海の生き物がいっぱい。

神々の島と呼ばれている志賀島には、元宮が紀元前から勝馬地区（沖津宮一帯）にある歴史深い海の神様『志賀海神社』をはじめ、数多くの神社仏閣があります。「漢委奴国王印」（金印）が出土した地であり、万葉集には志賀島の歌が23首も収められているなど、豊かな自然、素晴らしい歴史と文化に満ち溢れています。

志賀海神社

全国綿津見神の総本社であり、現在でも海神（わだつみ）の祖「※阿曇（あづみ）一族」の末裔によって守られている神社。お祭りや神事のある時には園も参加し、神社の由来や神様についてのお話をご父兄や子どもたちにしています。

志賀島海水浴場

2〜3歳児も安心して遊べる遠浅のビーチ。毎年7月に海の家を貸し切り、全園児で海水浴遊びをします。

※阿曇一族は紀元前から志賀島で海人族として活躍していました。

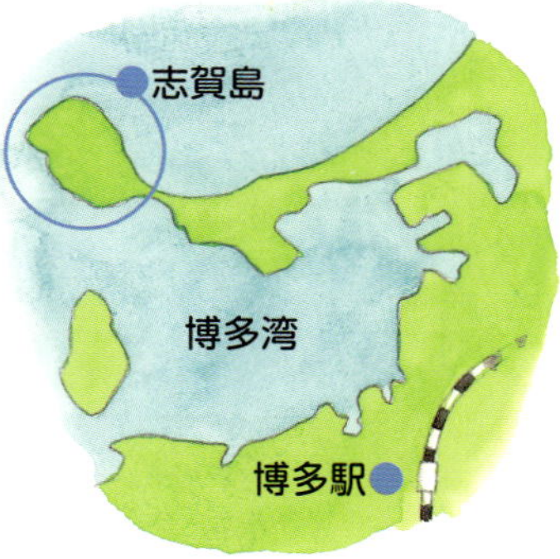

福岡県博多市にある志賀島は博多湾に浮かぶ周囲11kmほどの小さな島。海と山に囲まれた自然豊かな島ですが、天神へは車で約40分、博多埠頭へはフェリーで30分程度。容易に都会に出られます。

目次

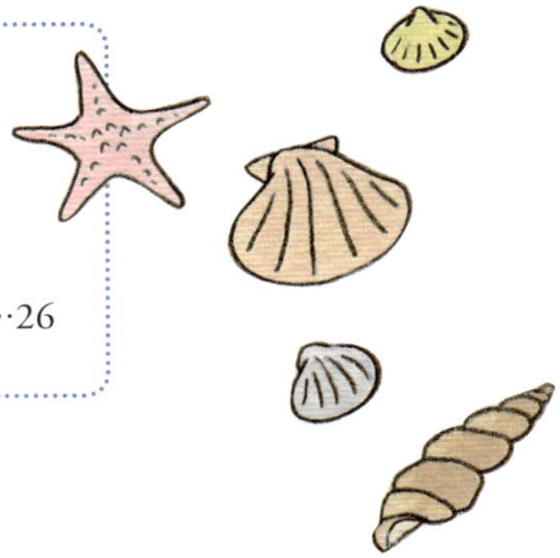

1章

幼児期の教育でその子の一生が決まります

2章

子どもの心をゆがめない子育て

3章

子どもの生きる力を育むためのメソッド

4章

脳を育てる食事―― 食べることは育つこと

ふたばママクッキング

～ふたば幼稚園の給食レシピ～

5章

わが子の育ちが気になるお母さんへ

6章

―― 子育て四原則 ――

原則 一　乳児は肌を離すな

原則 二　幼児は手を離すな

原則 三　児童は目を離すな

原則 四　青年は心を離すな

序章

序章

まず、はじめに少しだけふたば幼稚園の紹介をしたいと思います。私たちの園は福岡県の志賀島にある在園児65名のなんの変哲もない小さな幼稚園です。

そこでは毎日、元気と笑顔がいっぱいの子どもたちが自然に囲まれた環境の中で、ただただ精いっぱい自由に遊びまわり、愛情たっぷりの滋味に満ち溢れた食事を食べ、そしてお迎えにきた大好きなお母さんやお父さんの手を握りながら帰っていく、そんな平凡で幸せな日々が繰り返されています。

命の尊さがわかる子どもに育てます

幼稚園のシステムとして、通園のバスをおうちの近くまで用意することもなければ、給食も毎日提供しているわけではありません。さらに、「食事調査」といって、おうちでの食事を写真に撮って、献立と共に園に提出するという宿題もあります。

幼稚園がサービス業になっている昨今、これらを受け入れてくださり、それでも通わせたいと思ってくださるご父兄がいらっしゃることは、私たちにとっても、子どもたちにとっても大変ありがたいことです。

私たちふたば幼稚園が最も大切にしていることは、子どもたちを「命の尊さがわかる子どもに育てる」ことですが、そのために、園では次のような保育目標を掲げています。

1. 基本的生活習慣が身についた子どもに育てます。
2. 友達を大切にし、集団生活に適応できる礼儀正しい子どもに育てます。
3. 草花や自然を大切にし、昆虫や小動物をいたわることのできる、心やさしい子どもに育てます。
4. 心身共に健康で明るく、目的を持った責任感ある子どもに育てます。
5. 自分の身近な自然環境に興味・関心を持ち、水や森や資源の大切さがわかる心豊かな子どもに育てます。

「命は尊いものである」ということを常に意識して子どもたちと接する——これは子どもの健康な育ちのためには大変重要なことです。そのために何をするか。私たちはこのことを日々の体験や経験を積み重ねな

がら考え続け、教育をしてまいりました。

そして、これまでに数えきれないほどの子どもたちが入園し、巣立っていきました。その中には、障がいを持つお子さんもいましたが、他の子どもたちと一緒のクラスで過ごし、小学校へと送り出すことができました。

子どもの自由を尊重する保育で子どもが健康になる

私がふたば幼稚園で子どもたちと関わるようになって今年（2016年）で35年になります。その間に、我が国の子どもたちをめぐる環境は大きく様変わりしました。その一番の変化といえば、子どもの心身の健康であると私は感じています。

いわゆる問題を抱えた子どもたちが急激に増え始めたのは20数年前からです。問題行動を起こす子、周りとのコミュニケーションが取りづらい子、アトピー症、喘息、鼻炎、低体温症、肥満症といった子どもがその頃から増え始め、今では5人に1人が何らかの疾患を持っているといわれるほどに深刻です。

また、なかなかおむつが取れない子、相手の目を見て話を聞けない子、言葉の獲得が遅い子、誰に対しても乱暴な子、キレやすい子、

落ち着いて座っていられない子なども珍しくなくなり、心身共に健康な子どもは非常に少なくなってきています。

「発達障害は良くなりますか」
「アトピーは治りますか」
「自閉症児を預かっていただけますか」
「身体に障がいがあっても入園できますか」
「3歳でまだ言葉が出ませんが園生活はできますか」

園での入園説明会や相談会には、悩めるお母さん方からこのような様々な相談を受けます。

私の経験からすれば、いずれも答えは「YES」です。

ただし、なるべく幼い時期に、できれば2〜3歳（満2歳）までのうちに手を打たねばなりません。ですから、園で行われる2歳児を対象としたプレ体験入園に来られたお子さんでも、私たちが必要と判断すれば、2歳での入園をお勧めすることもあるくらいです。

手前味噌になりますが、実際、ふたば幼稚園に入園した子どもたちは、和食中心の「園独自の食育」と、子どもの自由を尊重した「遊び込み保育」の実践の中で、ほとんどの子どもたちが心身共に健康になっていきます。

和食でアトピーも治ります。問題行動も落ち着いてきます。発達障害も程度によっては治ります。その結果に驚いたお母さん方の口コミのおかげで、このような本まで出させていただけるようになりました。

親は「親業」をして、わが子の「子育ち」を見逃さない

〝奇跡の幼稚園〟などと本のタイトルにはついていますが、皆様に驚いていただけるような、何か特別なことをしているわけではありません。**強いて挙げれば、日本人が昔から伝えてきた「伝統的な食事」と、日本の子育ての四原則である「乳児は肌を離すな、幼児は手を離すな、児童は目を離すな、青年は心を離すな」に則った保育活動**をしている、ということでしょうか。

正直に白状いたしますと、ここ、ふたば幼稚園はお母さん方にとっ

ては厳しい幼稚園です。入園を決められた親御さんには、**「まずは『親業』をしてください」**とお願いしています。

親が「親業」をしていないと何が起こるか。それは、子どもを育てるうえで親が絶対に感じ取らなければいけない「子育ち＝子ども自身が育とうとする力」を、肝心の親が見落としてしまうのです。

たとえば、初めて赤ちゃんが〝ハイハイ〟や〝伝い歩き〟をした時に、親や家族の感動の声があれば、その声は赤ちゃんにとって、自分が家族に愛されていると感じ取ることができる、大事な「子育ち」の瞬間となります。

子どもの記憶に残るその感動は、その後のその子の成長の大きな糧となるだけではなく、その子が大人になった時に、わが子に愛情をたっぷり注ぐことができる素晴らしい親になるための要素となります。

産後の数年間は母親が働かなくても暮らせる制度を

保育機関によっては、朝の7時から夜の10時まで子どもを預かるところなどもあって、「夕食まで食べさせてくれて助かるよね」という働くお

母さんもいらっしゃる。また、政府も「子どもの教育は大事」と言いながら、生後2～3カ月からの保育を可能にしている（経済的理由や、厳しい環境の中での子育てを余儀なくされている方もいらっしゃいますが、そういった方々への支援はまた別の話です）。

朝早くからわが子の世話を他人がやってくれて、お迎えはとっぷりと日が暮れてしまった夜の時間。帰宅すれば子どもは疲れていてすぐに寝てしまうわけですから、仕事を持つ親にとってはとても便利な制度でしょう。しかし、それではいつ親が「親業」をするのでしょうか。わが子の「子育ち」を、親は「いつ」見届けるのでしょうか。

今は幼稚園・保育園がサービス業になっていて、国が推し進める政策も「1年は産休を取りましょう」と言いながら、舌の根も乾かぬうちに「お母さん、社会参画を果たしていいですよ。お子さんは生後2～3カ月から預かります」と言う。誤解を恐れずに言えば、親が「親業」を怠り、**子どもを生後2カ月から他人に託す国に希望はありません**。もちろん、いろいろな事情でそうせざるを得ない家庭には大いに支援を

しなくてはなりませんが、家庭保育ができる状況にも関わらず、安易に保育園に預ける親も多いように感じています。

私は、お母さん方に心の底からお願いしたい。
「少なくとも0歳児のうちはご自分の手でお育てください。温かいお母さんの肌でいっぱい抱っこしてあげてください」と。

たった1年間です（できれば2年間ならより安心ですが……）。経済的にも、キャリア的にも、お仕事が大切というお母様のお気持ちもわかります。でも、わが子の将来のためです。最初の1年間だけでもご自分の時間を費やしてあげることはできませんか？

そして、国に対しては声を大にして言いたい。
「母親への支援の仕方が間違っていますよ」と。

おそらくこれは、子を持つ親、幼稚園・保育園の先生、教育関係者等、子どもの成長に携わる多くの人が思っていることでしょう。本当に国がしなければいけないのは、母親が仕事をしやすいように子どもの預

け先を整えるのではなく、**子どもが小さいうちは母親が自分自身の手で安心して子育てができるような、職場復帰の保障も含めた経済的な支援と、精神的な支援に対しての予算を費やすこと**なのです。

「生きる力」は「日々の生活」で育まれる

文部科学省は「子どもたちの『生きる力』を育みましょう」などと言いますが、私は聞いてみたい。「生きる力はどうしたら育つと思いますか？」と。おそらく答えることはできないでしょう。

それは、「生きる力」が、「日々の生活」の中からでしか育まれないことだからです。

子どもたちに、真の「生きる力」をつけさせるために極めて重要なことは、**家庭における「普段の何気ない生活を大事にする」**ことしかありません。

私は園の入園説明会で必ずこうお話しています。

「幼稚園はサービス業ではありません。就学前の教育を行う教育機

関です」と。人間形成の基礎を培う大事な時期を預かる幼児教育機関なのです。

ですから、園児の家の前にバスは停めません。給食も毎日は出しません。お預かり保育も午後7時までなんてとんでもありません（子どもは夕方の時間に一番家族とのつながりを求めます）。お父さん・お母さんに「親業」をしていただくために、夏休みも冬休みもちゃんとご家庭にお子さんをお返しします。

子育ての支援はしますが、育てるのは家庭です。

孤独な子育てをしている母親を助けることで子どもを救う

子どもは親の持ち物ではありません。子どもたちは親を選べないとよく言われますが、子どもたちは自分で両親を選んで天から降りてきているのです。**子どもたちは、天からの授かりものであり、社会全体の大事な宝物なのです**。

私たちふたば幼稚園は、この子たちがちゃんと社会の中で生きていけるよう、自分自身のことが大切な存在だと思えるように、つまり自尊感情が育つように、慈愛と責任を持ってしっかりとお育てします。

問題のある子どもたちも大切に受け入れ、安心して小学校へと送り出せるほどに成長させる園の教育を、「奇跡のメソッド」などと呼んでいただいていますが、私どもがしているのは次の二つ。

●親御さんに対しては、自信を持って「親業」ができるように、適切なサポートをする——きめ細かな面談と、然るべき機関との連携

●子どもたちに対しては、ひとつの人格を持つ人間であると心得て接する——そのままを受け入れ、自立の芽生えを促す

私たちは、たったこれだけのことを肝に銘じて、日々の生活を全うしているにすぎません。

本書を読み進めるうちに、あまりにも当たり前のことばかりで拍子抜けしてしまう方もいるかもしれません。でも、今の日本のお母さん方は、その当たり前のことに気付かないくらいに疲弊しています。

「子どもの生きる力を育む」ために、「子どもが普段の生活をきちんと

過ごせる環境を整える」という課題を克服するには、まずは**孤独な子育てを余儀なくされているお母さん方をサポートする地域の人や、機関や、制度などが必要**です。我々ふたば幼稚園は、その一端を担う機関として、お母さん方への手助けを惜しみなくしています。子どもたちを救うには、それしかないからです。

本書に書いてあることは志賀島でなくても、日本のどこにいても実践できることばかりです。政府・自治体関係者や子育て支援をお仕事にされている方、教育関係者の方には、ぜひお読みいただきたいと思います。

この本が、日本の悩めるお母さんたちの支えになってくれることを切に願っています。

ふたば幼稚園園長

小崎孝子

子どもの生活の基本

── 食、遊び、睡眠の3大要素の重要性 ──

❶「食べる」 ――― 食べることは育つこと

- 乳幼児期・学童期は、おなかを満たすためだけの食事では体は十分に育ちません。血や肉や骨をつくり、健康のバランスを司る「穀物」「発酵食品」「根菜」「海藻」「魚」を中心とした伝統和食が大事です。
- 油脂類や肉・卵・乳製品中心の欧米食は高たんぱく・高脂質になり過ぎて子どもの体には吸収されにくく、栄養過多でむしろ健康を害します。

❷「遊ぶ」 ――― 遊ぶことは学習すること

- 太陽の下で伸び伸びと遊び、外気や土や水と触れることが大切です。さらに〝五感〟が研ぎ澄まされるような自然環境の中で没頭して遊び、ハラハラ・ドキドキ・ワクワクといった体験を通して「何で?」「どうして?」「不思議だなぁ～」といった〝第六感〟の育成が重要です。
- 遊びは感性を育て、情緒も育みます。幼児期の遊びは人生に必要なすべてのものを学べる人生最初の学習であると考え、遊びの場を十分に保障してあげることがとても大切です。

●遊びの中では指示したり強要したり否定したりせず、選択を与え〝自由を保障〟してやることが大切です。

❸「眠る」――― 眠ることは脳をつくること

●「寝る子は育つ」と昔の人は言いました。子どもの睡眠は食事と同じくらい重要ですので、脳細胞が活発に分裂を起こす睡眠の環境を整えてあげることが大切です。

●最近の脳科学では、脳細胞が暗い中で生成されることがわかっています。子どもの脳を育てることにおいて、夜の睡眠がいかに大切であるかということを私たちは知るべきです。

●もともと人の体内時計は25時間といわれていますが、それを24時間に調節してくれているのが〝太陽〟です。そこで、子どもには太陽と共に過ごす生活リズムがとても大切になってきます。

「**いっぱい食べて・たくさん遊び・ぐっすり眠る**」ことが子どもたちの生活の基本です。そして、何より**〝遊び〟こそが人間力を培うすべての原点となる**ものであります。

幼児期はしつけの〝臨《りん》界《かい》期《き》〟

―― 三つ、六つ、九つまでが教育の勝負です ――

3歳（三つ）までに ―― 基本的生活習慣の確立を

●トイレトレーニングは子どもの精神衛生上とても大切で、脳の成長や安定にもつながります。トイレトレーニングは遅くとも2歳までに開始し、3歳までにはおむつを外しましょう。

●衣服の着脱、排泄の習慣も反復練習であせらずゆっくり進めましょう。

●早寝・早起き・朝ご飯の習慣は子どもの生活リズムの導線となり、心身共に健康に生きていくためのベースとなっていきますので、この時期にしっかりと習慣づけておきましょう。

6歳（六つ）までに ―― 善悪の判断と味覚教育を

●道徳性や社会性は集団の遊びを通して培われていきます。この時期までに「良いこと、悪いこと」の判断がつくように育てましょう。

●遊びを通して〝友達の存在〟に気付き、生き物や草花にも命があることを学習していきます。命の教育をこの年齢までにしっかり行いましょう。

●協力し合ったり助け合ったりする協調性の芽を引き出し、そして自分のことが自分でできる自立性をしっかりと育てましょう。

●生きる力の根源となる〝食育〟の重要性を大人や教師がしっかりと認識し〝知育・徳育・体育〟の基礎となる食の教育の充実を図ることが大切です。6歳までに〝甘い・辛い・苦い・酸っぱい・塩辛い（しょっぱい）〟といった味の基礎がわかるように味覚教育をしておきましょう。

9歳（九つ）までに ―― 自我の確立を

●〝集団の中での自分〟という存在をしっかりと認識し、その関わりの中で人としてのつながりを大切にできるようになります。

●自分の存在を大切に思える〝自尊感情〟の育ちが自我の確立につながり、集団の中での調和や協調性を育むことで人間関係を作り上げていきます。

●人間関係の大切さを感じるようになると、共に学び合い、協働し合う姿勢が生まれ、憧れや希望といった感性の確立につながっていきます。

ふたば幼稚園の保育目標

命の尊さがわかる子どもに育てます

目標 1
基本的生活習慣が
身についた子どもに育てます。

目標 2
友達を大切にし、集団生活に適応できる
礼儀正しい子どもに育てます。

目標 3
草花や自然を大切にし、
昆虫や小動物をいたわることのできる、
心やさしい子どもに育てます。

目標 4
心身共に健康で明るく、
目的を持った責任感ある子どもに育てます。

目標 5
自分の身近な自然環境に
興味・関心を持ち、水や森や資源の大切さが
わかる心豊かな子どもに育てます。

第１章

幼児期の教育で その子の一生が 決まります

運命は幼稚園で決まる。「そのうちみんなと一緒になる」は危険です。

幼稚園には様々な役割がありますが、ふたば幼稚園の目的は、「**子どもが育とうとしている時にきちんと個性を尊重し、自由な環境の中で形作ってあげる**」こと。私はこれが幼児教育の中でとても大切なことだと考えています。

もしこの時期に親や教師が押さえつけ、すべてを強制してしまおうものなら、子どもは本人の望まない形に作り上げられ、その後は曲がりっぱなしで、取り返しのつかないことになってしまいます。ですから、子どもの個性を尊重し、曲がらないように導かなくてはなりません。

しかし、そのために何より必要なのがお母さんの力です。子どもの様子を見守り、肌で感じて、子どもが自ら育とうとする瞬間を見逃さないように常にそばにいてあげることが大切です。

６歳までの〝今〟が大事なのです

「自らが育とうとする力」が一番発揮されるのは６歳までです。子育ては６歳までが大事なのです。だから幼稚園選びはとても重要なのです。そこを絶対に間違えてはいけません。**その子の運命は幼稚園で決まる**と言っても過言ではありません。

たとえば、発達の遅れ。「今は遅れているけれど、大きくなったらみんなと一緒になるから」という安易な考えを持つ方が非常に多いように思います。でも本当は**「今、対策をとっておかないとダメ」「今やっておかないと間に合わない」という例がたくさんある**のです。ところが、「今は小さいから仕方がない。そのうち大きくなったらみんなと同じようになる」と反対の感覚を持ってしまうようです。「子どものうちは気にしなくて大丈夫よ」と。そうじゃない。今が大事なのです。その時期に見逃してしまったら、その後に取り戻すのは並大抵のことではないのです。

専門家の診断を勧め、早めの対処を講じます

私たちは園で発達の気になる子がいたら、嫌がられるのを覚悟で親御さんに「一応、専門家の診断も受けてください」とお願いしています。それは、すべて子どものため。その結果、何の診断もなされなければ単なる「しつけの問題」ということで対処できます。また、もし診断されたとしても、その詳細がわかるのが早ければ早いほど、その子に合った環境を作ってあげれば改善できることが多いのです。

しかし、もしこの診断が、大事な成長の臨界期（0～9歳）を過ぎてしまったら、もう手遅れです。**子どもの成長はすべて「臨界期にどれだけ大人が正しく接することができたか」にかかっている**からです。臨界期後に改善しようとすれば、大変な時間と労力をかけなければなりません。幼稚園とは、この大切な臨界期にあたる子どもたちの成長を預かるわけですから、**この時期に幼稚園選びを間違えると、その後の修正はかなり難しくなっていきます**。「子どもの運命は幼稚園で決まる」というのはそういう理由からです。

幼稚園教育を軽く考えたら大間違い

教育熱心な親御さんはまず学校ありきで、幼稚園は家から近ければどこでもいいという感覚でいるか、反対に英語や音楽や体操などの早期教育を中心とする指導型の幼稚園を選びがちですが、それは幼稚園教育を軽く見ています。子どもにとって本当に必要な教育の場は、いっぱい遊ばせてくれて、命ある本物の食事を提供してくれるところです。

0歳児には
家庭保育（消極的擁護）が大切

国は、「最低1年は産休をとりましょう」と言いながら、舌の根も乾かぬうちに「生後3カ月から預かりますので、お母さん、どうぞ社会参画を果たしてください」という政策を打ち出しています。2014年4月時点で、全国で12万人近い0歳児が保育所に入っています。

昔からいわれている日本の子育て四訓のひとつに、「乳児は肌を離すな」とあるように、赤ちゃんは最低1年間は母親と肌を離してはいけないのです。お母さんは赤ちゃんと肌をぴったりつけて過ごし、**赤ちゃんはお母さんの声とぬくもりを体いっぱいに受けながら、充実した時の中で育てられなければいけません**。なぜなら、おなかから出てきた赤ちゃんは、お母さんと一体であった10カ月間の時を経て、外の世界に飛び出してきたばかりで不安がいっぱいだからです。

人間の赤ちゃんは全員が未熟な状態で生まれてくる

人間の赤ちゃんは他の動物と違い〝生理的早産〟をしてきているといわれています。たとえば、野生の動物は生まれ落ちて1～2時間もすれば立って歩くことができ、危険を察知して母親と一緒に走って逃げることもできます。それは、動物たちがお母さんのおなかの中で十分育って生まれてきているからです。

人間の赤ちゃんもあと1年間お母さんのおなかで十分に育って生まれてくると、生まれ落ちてすぐにハイハイができたり、よちよち歩きができたりするのでしょう。しかし、それでは自然分娩が難しくなり、母子共に危険を伴うことになってしまうので、1年早く未熟な状態で生まれてきているのが人間の赤ちゃんなのです。だから始終泣いてお母さんを呼びますし、すぐに自分のもとへ来てほしいものなのです。そんな赤ちゃんが生後3カ月で保育園に預けられたらどうなると思いますか？ 不安にとりつかれたまま毎日を過ごすことになってしまいます。

（子育て四訓）・・・・・・・・・

- 乳児はしっかり肌を離すな
- 幼児は肌を離せ手を離すな
- 少年は手を離せ目を離すな
- 青年は目を離せ心を離すな

おむつもミルクもスケジュールで動く集団保育

赤ちゃんの一人ひとりに、おしっこの間隔やおなかのすくタイミングなど、それぞれ自分に合った時間があります。赤ちゃんはそれに沿って泣くわけですが、保育園や託児所では保育士さんが積極的に働きかけていきます。「10時だからおむつの確認」「11時だからミルクの時間」といった具合に、おむつがたぐられたり、人数分のほ乳瓶が運ばれてきたりします。つまり、集団の中では、赤ちゃんが望んでもいないのに、保育者側が積極的に関わっていくといった積極的養護が行われているわけです。

これは、集団の赤ちゃんを預かる立場から言えばごくごく当たり前の保育の姿です。何も非難するものではありませんが、これが家庭での養育であるなら、わが子の泣き声やぐずる様子を受けて初めてお母さんがおむつの確認をしたり、おっぱいをあげるといった行動に移ります。つまり、養育する側が赤ちゃんの要求に応じて自然に関わっていくといった消極的な擁護が行われます。**自然に寄り添う形がとられる家庭保育の消極的養護こそが、赤ちゃんの育ちに則した、赤ちゃんが一番望む養育の在り方**だと思うのです。

「心」を使った子育てが最も理想的

赤ちゃんの要望によってお母さんが動くということは、「今おっぱい飲んだばかりなのに、また泣いている。今度はおむつかな?」「……やっぱりおむつだったね、気持ち悪かったね、さあ、替えようね」と、お母さんが心を使って語りかけます。この語りかけこそがマザーリング、すなわち母性愛に基づいた赤ちゃんとのコミュニケーションなのです。けれども保育園は集団保育。大人数の赤ちゃんを数名の保育士さんで世話をしているので、「10時だからおむつの時間」「11時だからミルクの時間」と、一日のタイムカリキュラムの中で保育者が積極的に働きかけなければなりません。でも保育園という場所では、当然仕方のないことです。

産後1年間は育児に専念できる社会に

お願いです。できることなら最低1年間、赤ちゃんのお世話は親がしてください。それも、おなかの中で赤ちゃんを10カ月も温かく育んできたお母さんにやっていただきたい。おなかの中でずーっとお母さんと一緒だった赤ちゃんは、生まれてきてもその温かみを1年間は求めます。

そのためには社会も変わっていかなくてはいけません。社会があまりにも、「女性の活躍を!」と煽り、女性の社会進出が現代の風潮となってしまったことで、「お母さんはどんどん子どもを預けて仕事に出てください」という政策がなされています。しかし、子どものためにはこれは大きな間違いです。本当は、「お母さんは最低でも1年間は育児を頑張りましょうね。そのあとでもしっかり社会復帰できる仕組みを作ります」という方向転換をしないと、そのしわ寄せは必ず子どもにきます。

（保育園の待機児童問題）

あなたは、0歳の赤ちゃんを預けてまで、外で働かなくてはいけない状況でしょうか？

育児をしながら仕事をしている知り合いの女性は、産休明けの１歳児の時点での入園よりも、０歳児での入園のほうが競争率が低いことと、育児休暇後に元の部署に戻れなくなるという恐怖感から、育児休暇を返上し生後4カ月でお子さんを保育園に入園させました。その方によれば、保育園の入園基準の矛盾は大きく、たとえば夫婦が共にフルタイムの正社員であるほうが、パートタイムで働く人の家庭よりも入園しやすかったり、勤務実態はないのに自営業の親戚に勤務証明書の作成をお願いできたり、高額の保育料を払い私立保育園やベビーシッターに預けて「保育が必要」という実績を作れるような人が、公立の認可保育園の審査に通りやすかったりするようです。

子どもを預けて必死に働く必要のない家庭が育児休暇を返上して入園させ、子どもを預けて働かなくては生活が立ち行かない家庭の子どもが入園できなかったりと、国の政策の不備が待機児童問題を深刻化させています。ですから、保育園を増やすことよりも先に、0〜1歳児までは十分な子ども手当を支給し、育児休暇後に母親を元の職場に戻した企業への税制優遇や、母親の復帰に関する罰則付きの法律を整備すると同時に、いざという時の「一時預かり制度」も整える。理由を問わず誰でも利用できるバウチャー制も採用するなど、安心して子どもが産めるよう、国は現場の声を本気で聞くべきです。

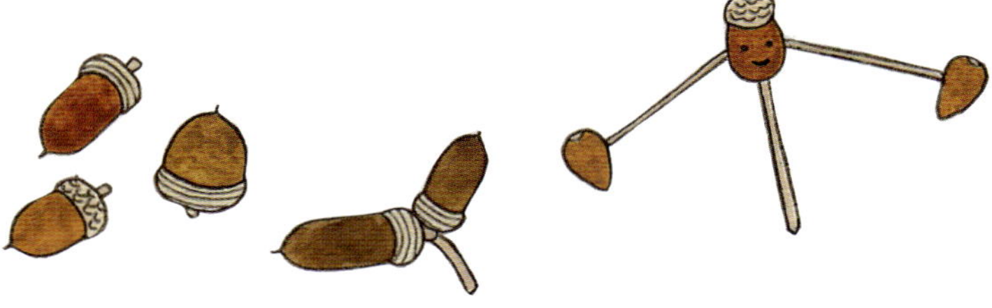

なぜ0歳児保育が赤ちゃんの脳にダメージを与えるのか

生後3カ月で保育園に入園し、これで小学校入学までの6年間は安泰だと思ったお母さんは大間違いです。**預けられた赤ちゃんが幼ければ幼いほど精神的なダメージは大きく、成長の中で心に空洞ができてしまい、いつしか情緒に問題が出てくる恐れがあります。**

朝起きるなり、時計ばかり見ては慌ただしく支度をし、保育園に赤ちゃんを預けると、駅に向かって急ぐお母さん。「ママ、僕を置いていかないで!」と、預けられた赤ちゃんは保育士さんの腕の中で一生懸命泣きます。そして「おなかがすいたよ」「おむつが濡れているよ」「寂しいよ、ママ、来て!」と必死に訴えますが、お母さんはもういません。そこにお母さんの声がないことを察知すると、「ママどこにいるの？　ママがいいよー」と、さらに一生懸命求めて泣きます。でも、いくら泣いて待ってもお母さんは来てくれない。そこで人生最初の挫折が起きます。

赤ちゃんは、「泣いても無駄だ」と悟っている

生まれてからの赤ちゃんの脳の発達は、私たちが考えているよりもはるかに目覚ましく、生活の中の音や匂いや関わる周りの物、人の表情などすべてをスポンジのように吸収して日々学習していきます。その中で、赤ちゃんは様々なことを感覚として受動していきます。また、自分

からも能動的に関わろうとする姿が生まれ、それはやがて豊かな感性を育んでいきます。

しかし、集団の中では保育園のタイムスケジュール通りに保育されますので、赤ちゃんの要求・要望にはなかなか対応できないという現状がそこにはあります。そこで「いくら泣いても、ここにはママはいないんだ」と赤ちゃんが悟ってしまい、この経験が脳にダメージを与えることで、次第に笑わなくなったり、泣かなくなったり、手足をバタバタと動かさなくなる、いわゆるサイレントベビーへと変わっていく可能性があるのです。手のかからない、いい子と思ったら大間違いです。

サイレントベビーが成長すると…

生まれてきたばかりの赤ちゃんは泣くことで周囲に不快感を伝え、生後2カ月くらいから、表情や動作で様々な思いを表現し始めます。しかし、最近、泣かず、笑わず、騒がず、声かけをしても反応がない、目を合わせない、おむつが濡れていようが体調が悪かろうが無表情という、感情表現に乏しい赤ちゃん＝サイレントベビーが増えています。

原因は赤ちゃんと保護者とのスキンシップ不足とコミュニケーション不足。サイレントベビーがそのまま成長すると、周囲とうまく関係を築けなくなり、引きこもりや自傷行為を繰り返すなどの問題を引き起こす可能性が高くなります。赤ちゃんは、いっぱい抱っこして、たくさん話しかけながら育てましょう。

手がかかる赤ちゃんこそ、心身共に健康な証拠

「うちの子は泣かないし、いつもおとなしいから手がかからなくて助かるのよ」と安心した様子で、得意げに思っていると、その子が思春期になった頃に反動がきてしまうことも多々ありますから、母親は赤ちゃんの声や動きには温かい気持ちで接してほしいと思います。**泣かないということは、自分の意思を伝えようとする能力が低下している**ことも考えられます。赤ちゃんの泣き声やバタバタと手足を動かす行動は成長のバロメーターとして温かく受け止めましょう。

泣くことは成長していくうえで必要なことなのです。泣かない、動かない赤ちゃんはおとなしくて手がかからないのではなく、発達に何らかの支障をきたしている可能性があります。

成長の喜びと感動を親子で積み重ねていくことが大切

まだ言葉を獲得していない赤ちゃんに語りかけてみると「あー、うー」といろいろな声を発しますね。また、笑顔を見せたり、手足を動かしたりと、赤ちゃんなりに会話しています。でも、お母さんと日中離れ離れになっていては、母との会話もなければマザーリング（母親が母性愛で子どもと接すること。P57参照）もないわけです。そして、たとえば保育園で初めて伝い歩きをしたとしても、保育園からの連絡帳に「今日、初めて伝い歩きをしました」と書かれておしまいです。もちろん保育士さんたちも言葉にして褒めてくれたことでしょう。

でも、本来ならお母さんが、家族が最初に歓声を上げるべきです。「ほらほら見て!　伝い歩きしたよ!」「やったね!　すごいね!」と喜ぶ家族の姿に、赤ちゃんは「自分が認められている」「家族に愛されている」「大事にされている」とキャッチするのです。夜、連絡帳を開いて、「今日初めて○○○ができた」と知らされてからいくら褒めても、もうその時には赤ちゃん本人のうれしい気持ちは薄れています。赤ちゃんの育ちはその瞬間が大切ですので、お母さんは赤ちゃんの成長のひとつひとつをリアルタイムで見て、その喜びと感動を赤ちゃんと共に積み重ねていくことが大事なのです。

最低でも1年間は
家庭での育児ができる制度を早急に整える

　人間の脳は、生後2カ月くらいから急激に外の世界からの様々な刺激を吸収し出すといわれています。ですから、この時期にいかに愛情が注がれたかによって子どもの未来が大きく左右されます。子どもが0歳児の時の大事な1年間、お母さんは一番近くでたくさんの愛情を注いでほしいのですが、最近は幼稚園・保育園がサービス業化されてしまい、生後できるだけ早いうちから預かることが売り文句になる時代です。

　そして入園さえすれば離乳食も言葉の獲得もトイレトレーニングも、当たり前に園で面倒を見てもらえると思っている無責任な親が本当に多い。しかし、それでは親は子どもに対して何をしてあげることができるのでしょうか。親は子どもに何を伝えられるのでしょうか。

産後1年間はお母さんが赤ちゃんにすべてを捧げられる国へ

　お母さんが、赤ちゃんを産む前と、産んだあとの時間を同じに保てないのは当然のことです。**赤ちゃんのために1日の時間を費やしてあげるのが母性なのです**。結婚前や出産前と同じような時間を求めていては、子育てがきつくなってしまいます。母親ばかりに負担がかかりますが、家庭が核家族である限り、どう考えても母親の負担が大きくなるのは、お母さんなら身にしみていることでしょう。できることなら三世代が一緒に暮らせる社会を実現させなければいけません。

また、国も「男女共同参画社会」や、仕事と家庭の調和「ワーク・ライフ・バランス」を推奨するより先に、核家族の家庭でも最低1年間は安心して子育てに専念できる制度を整える必要があります。そのうえで母親は1年間、たっぷりと赤ちゃんに時間と愛情を注いであげて1年後に復職し、それから「男女共同参画社会」や「ワーク・ライフ・バランス」で人生に勢いをつければいいのです。

ですから国は企業にも積極的に働きかけ、**子育て中の母親は誰でも安心して仕事を休めるような、収入保障や職場復帰保障を含めた子育て支援制度をつくる**くらいの覚悟と気概をもって取り組まなくてはいけません。職場を失うことが怖くて、妊娠を躊躇する女性も多いのです。

正社員が減り、フリーランスの方や産休・育児手当のない雇用形態も増えていますから、そういう方が職を離れている期間は、雇用保険の育児休業給付金に代わる手当や、年金保険料の支払いの免除、また、前年度の確定申告に基づいた収入の何割かを産後1年間に支給するなど、子育て支援政策の大胆な見直しをしなくては、少子化にブレーキがかからず、国の未来も暗澹たるもので、未来が創造できません。

最低でも1年間、ママが安心して家庭で育児に専念できる社会になったら、子どもたちも健やかに成長し、国もどんどん活気づくはずです。

子どもたちから、「育つ権利」と「母親」を奪わない

こういったことは公の席ではなかなか言いにくいものです。でも、この国の未来を思うなら言いにくいことも言わなければなりません。嫌われてでも叩かれても誰かが言っていかなければ、子どもたちの育つ権利が損なわれ続け、結果、子どもの育ちに何らかの支障が出てきたりします。

たとえば乳幼児期に、子どもが自ら育とうとする「子育ち」の部分が損なわれてしまうと、子どもは、「自分は必要とされていないのではないか」「自分はいなくてもよいのではないか」といった虚無感を抱えながら

(保育士不足解消)

0歳児保育をやめると保育士の数にも余裕ができます

自治体にもよりますが、国が定めた保育士の配置基準は、0歳児3人につき保育士は1人、1歳～2歳児6人につき1人、3歳児20人につき1人、4歳児以上は30人につき1人となっています。しかし、これでは安全管理上、十分ではありませんので、結局それ以上の数の保育士を配置している園がほとんどです。

当然、保育士1人につき担当する子どもの数が少ないのは0歳児ですから、もし0歳児保育をやめることができれば、その分の保育士が余ります。保育士不足の現在では焼け石に水でしょうが、それでも一考の価値はあります。

0歳児には家庭保育（消極的擁護）が大切であり、保育士不足解消にも一役買うわけですから、0歳児保育をなくすメリットは赤ちゃんにとっても、保育園側にとっても、大きなものとなります。

大人になっていきます。するとその子は、成人して社会の一員になれたとしても、「何をしていても、どこにいても、自分自身という存在を確かめることができない」という大人になります。たとえ一流大学を出ていても大手企業に就職できても、やがて自分を見失い、自尊感情が欠落して、社会の片隅に隠れようとする存在になっていきます。もともと深刻な少子化問題を抱えているのに、せっかく育った大人がこれでは、国を支える礎としての存在がますます減少し、国としての形がなくなってしまうのではないかと、国の子育て支援の在り方に大きな疑問を感じます。

国の未来を育てる母親業の価値を認めよ

この本を手に取って下さったお母様方の中には、「ふたば幼稚園の園長先生は、母親に厳しい人」と思っている方もいらっしゃるでしょう。でもそんなお母様方にこそ、「子どもが育つ3年後を楽しみに待っていてください」と心から言いたいのです。間違いなくその差がはっきりと出るからです。

国や社会は、子育てをしているお母様の苦労を高い価値として捉え、国の未来の宝を育てる偉大な存在としてその地位を認めるべきです。社会参画を進めるばかりではなく、母親業の偉大さをもっと社会の中にしっかりと位置づけるべきだと思います。待機児童を減らすためだけの箱物づくりだけでは、国の明るい未来は期待できません。

ふたば幼稚園が2歳から預かる理由

0歳から1歳までの間に、お母さんが肌を離さず赤ちゃんのペースに合わせて育児をしたあとであれば、2歳児からは集団の中で生活することにも大きな意味があります。通常、幼稚園には3歳の春に入園しますが、当園では2歳児も受け入れています。

赤ちゃんは、1歳を過ぎた頃から子どもの声に敏感に反応するようになり、子どもの声が聞こえると、とたんに表情が変わって関わりを求め始めます。そして2歳になる頃から子どもの声をキャッチし、刺激を求めて一緒に遊びたがるようになり、社会性を求める時期に入っていきます。**子どもの脳はスポンジと一緒で、毎日毎日、見るもの、聞くもの、すべてそのまま受け入れ覚えていく**のです。

脳の吸収が盛んな3歳までに正しいしつけを

人間は3兆の細胞を持って生まれ、20歳までにはその20倍の60兆の細胞分裂を起こして成長していくそうですが、そのほとんどが3歳までに分裂を終えるともいわれています。「三つ子の魂、百まで」と言いますが、どうして昔の人はわかったのでしょうね。この時期にのんびりといい加減なしつけをしていては、一番吸収する時期を逃してしまうのです。

当園では2歳児の親子教室も開催していますが、毎年、「このお母さんの接し方では、今後の成長に影響が出るだろうな」という、手のかかるお子さんが中には何人かいます。すでにお母さんが子育てに手を焼き、手こずっている様子が感じられるのです。その場合には「2歳から預かりますよ、すぐおむつも取れますから」と、こちらのほうからアプローチをしています。そういうお母さんは日々の子育てでストレスがたまっていますから、ほとんどの方が喜んで預けてくださいます。

「叱る」と「怒る」は違います

今のお母さん方の一番の問題点は、子どもを叱れないことです。ただ怒るだけで、感情に任せて子どもをすぐに叩くお母さんもいます。昨年の親子教室に通っていたお母さんの中には、2歳児の男の子に「うざい」と言い放ち、目と目を合わせて話したり、諭したりすることがありませんでした。その子も一瞬はおとなしくなりますが、すぐまた落ち着きなく動き回ります。子どもの落ち着きのなさは、お母さんの態度によるものですから、そういうお子さんの場合は、うちの園では2歳から受け入れて、お母さんのストレスを減らしてあげてから家庭での育児を穏やかに、そしてしっかりと頑張ってもらえるようにサポートしています。

受け入れた2歳児がメキメキと育っていき、その子の幼稚園での遊びや活動の様子を見た、同じ親子教室に通っていたお母さん方が「私も早く預けたい」と希望することも増えてきました。とにかく2歳児はよく育ちます。幼稚園の現場ではそれが強く感じられます。ですから、

すべての幼稚園が２歳児から預かるようになればいいと切に思います。そうすれば、少しでも保育園の待機児童の数を減らすこともでき、余計な箱物を作らなくても済むのに……と、幼児教育者として心底感じています。

昔は隣近所に私みたいな世話焼きのおばちゃんがいっぱいいて、しつけを手助けしてくれていたわけです。今は、よその家の子育てに関しては、問題があっても口を挟まない。そのうえ、どこも核家族なので祖父母がおらず育て方を教えてもらえないため、どうしていいかわからないまま苦しんでいる親がたくさんいます。

子育てはやり直せない。
毎日が真剣勝負です。

子どもの育ちは１年１年がとても大事。そのすべてが将来につながっています。たとえば竹がまっすぐ伸びるためには、節がしっかりしていないと伸びません。子どもの育ちも同じです。

竹の節と同じように、人間の節目は、ひとつ、ふたつ、みっつ、よっつ……と、「つ」で読む9歳までが大事。その9年間が本当に肝心なのです。10歳になって、「ちょっと育て方を間違えた、やり直そう」と思ってもやり直せないのが子育てです。だから毎日が真剣勝負です。

9歳までの接し方が大切。幼保小一貫教育の実現を

私は、子どもたちのサポートを、幼稚園まででではなく9歳の節目まで行えたらどれだけいいかと思っています。今、国は小中一貫教育に力を入れているようですが、**子どもの成長の過程を理解しているならば、幼保小一貫教育にすべき**なのです。だからこそ、この志賀島に小学校を作り、幼稚園から小学校の9歳までに人間としての基礎をしっかりと作ってから、子どもたちを中学校に送り出せたらどんなにいいかと考えています。幼保小一貫教育は、私が目指している理想の教育です。

3歳までに「自分でできる」をどんどん増やす

昔は満1歳でトイレ・トレーニングをスタートしました。ところが近頃は濡れてもサラサラの紙おむつですから、子どもが不快感を覚えないため、3歳を過ぎてもおむつが取れない子が大勢います。うちの園でも紙おむつで通ってくる3歳の子がいましたが、おむつをしている子どもは周りのことがまるで見えていない、聞こえていないかのようにいつもぼーっとしているのです。それが、おむつが取れた途端、まるで一皮むけたように周りがどんどん見え始め、友達関係が広がってとても活動的になり、その後の集団生活がとても安定したものへとつながっていきました。

トイレ・トレーニングが終わり、足の裏とお尻がしっかりしたら、「自分がやられてイヤなことはしてはいけない、言ってはいけない」という友達との接し方を教えます。子どもにはこれだけをきちんと教えておけば、あとは子ども同士の遊びの中でどんどん学んでいってしまいます。大人は見守るだけ、子どもは自由に遊ぶだけでよいのです。

子どもが自ら育とうとする力「子育ち」を尊重する

遊びを通して大切になるのが、6歳を過ぎる頃から感じ始める「自分がいなきゃいけないんだ」という感情です。自分自身のことを好きな子どもはお友達のことも大好きです。自分を大事にできないとお友達のことも大事にできないのです。ですから、遊びの中で「僕がこの役をするよ」「じゃ、あれ持ってきて」と、小さい時からお友達と互いに切磋琢磨して自我を確立することで、自尊感情が養われていくのです。すべては幼児期の関わりや成長の中で培われていくものなのです。

私たち大人は「子育て」という言葉を使いますが、その中には「子育ち」の部分があります。周りが支援して擁護していくのが「子育て」であり、子どもが自ら育っていこうとするのが「子育ち」です。子どもには自分から育とうとする力があるということを、親や大人が忘れてはいけません。手をかけ過ぎず、必要な時に適切にサポートしていく。ここを間違えてはならないのです。

親が子どもにできる愛情奉仕の時間は生まれてから3年間だけ

今も昔も変わらずに、子どもが求めているものと言えば「親や家族と一緒に自然の中で遊ぶ」「お母さんと一緒に何かお手伝いする」など、身近な生活の中にあります。車や電車で何時間もかけて出かける○○ランドや、大型のショッピングセンターなどではありません。

ともすると親は、子どもが勝手に遊んでくれて、自分も自由な時間を過ごせる大型の商業施設や複合施設に行こうとしますが、子どものほうは近所の公園でもいいから、砂場で泥だらけになったり、芝生の上で転がったり、芝生にシートを敷いてお弁当やおやつを食べたり、親

や兄弟とのそういう時間をたくさん欲しいと思っているものです。

小学生にもなれば、親よりもお友達と過ごすことのほうが楽しくなります。そして、高学年になる頃には、家でも外でも、親とはあまり一緒に居たがらなくなってくるものなのです。親も、自分の子どもの頃をちょっと思い出してほしいですね。

数十年後の親子関係に影響します

実は**子どもにとって親との濃密な時間が必要なのは３歳まで**なのです。そう、たった３年間です。この３年間は、親が子どもに対して務める奉仕の時間。この時間をきちんと過ごせたかどうかで、子どもが成長した時の親との関係が変わっていきます。

「小さな頃にパパと砂場に大きなダムを作った」

「近所の公園のすべり台から落ちてケガをした時、お父さんがおんぶしてくれた」

「散歩道、どんぐりころころを歌いながら、ママとお姉ちゃんとどんぐり拾いをした」

「毎年ひな祭りには、ちらし寿司作りのお手伝いをして、ママに〝うちわ名人〟と褒められた」

自分が親になって思い出すのはこういうことです。

子どもの将来のために、「本当の遊びの思い出」がひとつでも多く残るように、この３年間だけは、とことん子どもに奉仕してあげてください。

第2章

子どもの心をゆがめない子育て

おっぱいをあげる時は必ず赤ちゃんの目を見ましょう

　近年、まるで荷物の如く赤ちゃんをかごに入れて持ち歩いたり、親の顔を確認できなくて不安なのに赤ちゃんの顔を進行方向に向かせて前に抱っこしたり、犬のようにリードをつけて子どもを歩かせたり、さらには、脳の発達がまだ安定していない１～２歳児にスマートフォンを持たせて子守をする母親の姿が目立ちます。少しでも親が楽をした

いがために、親と子の、肌も、手も、目も、そして心までもが離れてしまうグッズが流行し、子育ての現場がどんどんおかしな方向へと向かっています。

赤ちゃんは常にお母さんの目を見て育つものです。おっぱいを飲む時も赤ちゃんはお母さんを見ながら「お母さん、おっぱい美味しいよ」と、目でシグナルを送っています。ところが最近よく見かけるのが、テレビや携帯電話を見ながら授乳しているお母さんの姿です。本来ならば「美味しいでしょ、いっぱい飲んでね」と、お母さんもシグナルを送ってあげないといけないのです。

25cmの関係、保てていますか?

赤ちゃんとお母さんの距離は「25cmの関係」といわれています。お母さんは25cmの距離で、赤ちゃんに愛情いっぱいの目でシグナルを送りながら、抱っこして、おしゃべりして、おっぱいをあげるのが、まず第一の愛情溢れる子育ての在り方です。

赤ちゃんの耳はお母さんのおなかにいる時から聞こえています。赤ちゃんは生まれた瞬間、お母さんの喜びの声を一番にキャッチし、「あ、この声は今までずっとおなかの中で聞いていた声だ。この人がこれから自分を守ってくれるんだ」という安心感に満たされるのです。

離乳して、おしゃべりも上手になって、いろいろなことが自分でできるようになる頃には、この「25cmの関係」の距離は大きく開いていきます。けれども、目を見て会話することだけは忘れないでください。

赤ちゃんにも感情があります

赤ちゃんは何もわからない、赤ちゃんに何をしても伝わらない、そう思ってはいませんか？　**泣き止まなかったり、ぐずりが収まらなかったりするのは、周りが赤ちゃんの要求に応えられていないから**です。赤ちゃんが泣くのは、「おなかがすいたよ」「おむつが濡れていて気持ち悪いよ」「暑くて寝苦しいよ」という生理的な要求ばかりではありません。おっぱいをあげようとしてもプイとそっぽを向いたり、おむつを替えてもすぐにまた泣き出したり、「何が気に入らないの〜!」と振り回されることもあるでしょう。赤ちゃんの要求は、実に繊細なのです。

「泣く」のは「ママを近くに感じていたい」というサイン

生後2カ月くらいまでは、赤ちゃんの目はまだよく見えていません。少し前までは子宮の中でママの血流の音や、心臓の音、そしてママの声をずっと聞いていたのですから、おなかから出てきてまだ外の世界に慣れていない赤ちゃんは不安に襲われるものなのです。だから「ママを近くに感じていたい」という感情を「泣く」という行為で知らせるのです。その場合は、**抱っこしたり、やさしく背中をなでたり、おなかにいた時にお母さんが歌っていた歌を聞かせてあげたりすると、泣き止んでスーッと穏やかな表情になります**。

赤ちゃんもママも成長させるマザーリング

生後2カ月を過ぎて目が見えてきたら、おっぱいをあげる時、おむつを替える時、沐浴をする時、**赤ちゃんと関わる時はすべて目を見てお世話してあげてください**。感情をつかさどる右脳では、ママの笑顔ややさしい表情に刺激されて「うれしい」「楽しい」という回路が育ちます。すると赤ちゃんは情緒的に安定していきます。アイコンタクトや声かけ、スキンシップなどのマザーリング（母親が母性愛で子どもと接すること）を丁寧に行うことで、お母さんは赤ちゃんの泣き方の違いに気付けるようになり、赤ちゃんの要求を聞き分けられるようになります。

マザーリングは、赤ちゃんにとっての「オンリーワンであり、ナンバーワンであるママ」には、何十年と子どもをあやしてきた保育士さんでも到底かなわないのです。

マザーリングとは

母親が赤ちゃんを抱いたり、あやしたり、話しかけたりしながら世話をすることなど、母性愛に基づいた愛情豊かな養育行動をマザーリングと呼びます。これが丁寧に行われると、子どもの情緒が安定していきますが、十分なマザーリングを受けていない子どもの場合は、情緒の発達に支障をきたす場合が非常に多いのです。

子どもと話をする時は目を見て話しましょう

近頃は家族が一緒の部屋にいても、それぞれがゲームやスマートフォンに夢中になり、言葉も心も通わなくなってきているようです。オンラインゲームで見ず知らずの人と協力し合って戦う時なら画面上での会話はできるけれど、現実の世界では相手の目を見て話すことができないような大人もたくさんいます。そして今、そういう大人が親世代になっていますから、親と同様に相手の目を見て話せない子どもが本当に増えています。

逆に、子どもがお母さんに一生懸命話しかけたとしても、お母さんが何かをしながら心ここにあらずといった様子で聞き流したり、「あとで、あとで」と遮ったりする様子もよく見かけられますが、子どもとの信頼関係はそういったことで失われていきます。そして、やがては心のつながりがプツンと切れてしまうのです。

子どもが言葉を持ってきたら、遮らずに応えましょう

考えてみてください。母親との信頼関係が築けていない子が学校に通うようになったとして、果たしてお友達や先生とうまく関わっていけるでしょうか。「どうせ話しかけても相手にされない」「親や先生に相談しても解決しない」などと悩みを自分一人で抱え込んだり、他人と関わ

ることを避け続けた結果、相手の気持ちを察することができなくなったり、他人に必要とされている実感がないため自尊心が育たなくなるなど、とても深刻な問題を引き起こす可能性が高くなるのです。

子どもは常に「見て、見て!」「聞いて、聞いて!」と駆け寄ってくるものです。**子どもはお母さんとお話することで心が安定する**ため、お母さんがどんなに忙しくても、思い立ったらすぐに話しかけてきます。ですから、夕方の忙しい時間に来られるとついつい「ちょっと待って!」と遮ってしまうこともあるでしょう。でもそれは今すぐやめてください。台所で揚げ物でもしているならまだしも、「今、無理!」と言って子どもの話をピシャリと遮っておきながら、自分はスマートフォンでゲームをしたり、メールしたりするお母さんが最近本当に多くなりました。

子どもがお母さんにまとわりついてくるのも、幼児期の数年のこと。子どもの将来のために、その間だけでもお子さんと目を見て会話をしてあげてください。**忙しくても、子どもが言葉を持ってきたら、必ず言葉で返してあげてください**。手は動かしながらでもいい。目を見て会話のキャッチボールをしてあげてください。「うん、そうね」と、相槌を打ってあげるだけでもいいのです。

子どもと過ごす時間は
スマートフォンは鞄にしまうこと

昔、テレビが日本の家庭に普及し始めた時、「一億総白痴」になると危惧されたものですが、スマートフォンが普及した現在は当時よりももっとひどい状況であると感じます。

公園に行っても、子どもだけが一人で砂場にいて、お母さんやお父さんはベンチでスマートフォンを必死に見つめているなんてことばかり。お外に遊びに行く時の子どものワクワクや気持ちの高ぶりがわかる分、子どもはお母さんやお父さんのそんな姿にどれほどガッカリしていることか。お母さんと子どもの間で目と目を合わせた会話のキャッチボールがなくなれば、コミュニケーションが成立しない大人がどんどん増えていくことになります。

小さい子どもにスマートフォンを差し出さないで

大人のスマートフォン依存もさることながら、もっと深刻なのは、ベビーカーの子にスマートフォンを渡していじらせたりすることも珍しい光景ではなくなったことです。レストランや電車の中、病院の待合室など公共の場に連れてきている、まだ2歳にも満たないような子どもにも、少しの間だけでも静かにさせたいからと、すぐにスマートフォンを与える母親がどれだけ多いことか。この国の暗澹たる未来を想像させます。手渡したスマートフォンは格好のおもちゃとなり、いざ返してもらおうとした時には、「返したくない、もっと遊ぶ!」と余計ぐずるようになります。

とはいえ、母親がこういった行動をとってしまう背景には、公共の場で子どもが騒ぐことを絶対に許せないという余裕のない大人にも問題があります。赤ちゃんは泣くのが仕事。**赤ちゃんが泣いたり、ぐずったりしたら、周りの大人が手遊びや語りかけをしてあやしてあげればいい**のです。子どもの心身の健康には、日本の未来がかかっています。子どもが健全な環境で過ごせるよう、社会全体が相手の立場を気遣えるようになる必要があります。

9歳まではスマートフォンを遠ざける

子どもたちの健やかな成長のためには、せめて**9つ(歳)までは、携帯電話やスマートフォンから子どもを遠ざけ、自然の中で季節や風を感じながら伸び伸びとした日常を過ごさせる**ことが特に大切だと、私は幼児教育の現場でいつも感じています。

夜は街が真っ暗になり、空には星々が輝き、携帯電話もつながらないくらいの自然が溢れた〝一流の田舎〟に、幼稚園・保育園が建てられていたら、どんなにいいだろうかとつくづく思います。

国の礎となる人材を育てるためには、学校でさえ、タブレットやパソコン中心の授業ではなく、地球の営みの中での実体験を通した授業が行われる、そんな教育機関の在り方こそが子どもの育ちに合った学びであると思っています。

子どもは親の言う通りには育ちません、親のする通りに育つものです

ある小学校の授業参観を見学させていただいた時のこと。驚いたことに、お母さんたちは子どもたちの学習の様子も見ないでピーチクパーチクと教室の後ろでおしゃべりに夢中でした。また、「おっ、頑張っているね!」と教壇側の入り口から手をかざし、自分の子どもに向かって声をかけている親もいたりするのです。さらに、小学校へ進学した卒園児の参観にいらしたある公立幼稚園の園長先生も、授業が進ん

でいる中、卒園児に向かって「おおっ!　○○ちゃん」と子どもの名前を呼びながら、教壇側の入り口から声をかけていらっしゃいました。「幼稚園の園長たる者がそういうことでよいのでしょうか?」と思ってしまいますが、今や大人たちが子どもに対して、生活やマナーのお手本を見せられなくなってしまっています。字をきれいに書くにも、お手本があれば子どもは真似をするものです。つまり、子どもの成長のためには大人がお手本にならなければいけないのに、ちっともお手本になっていません。

服装や身だしなみは社会性にも直結する大事な要素

子どもは親の言う通りには育ちません。親のする通りに育つものです。すべては大人がお手本。特に先生という職業に就いたらしっかりとしたお手本にならなくてはいけません。最近は教壇に立つ先生の服装にしても本当に問題が多いと思います。ある小学校へ参観に行った時など、何かシャラシャラと気になる音がすると思ったら、釣りに着ていくようなズボンをはいている女性がいました。指には1cmくらいの金のリング、胸元には金のくさりのような大ぶりのネックレス。担任のお手伝いで来られている方かと思いきや、なんと小学1年生の担任の先生でした。TPOを考えれば、せめて参観日くらいはきちんとした服装を心掛けるべきです。

「今日は始業式があるからきちんと服装を整えましょう」「明日は遠くまで行く遠足で、朝が早くて一日大変だから、前日に準備を整えて早く寝ましょう」「みんなで気持ちよく使うために、トイレや洗面台はいつもピカピカにしておきましょう」など、大人が率先してお手本を見せることで、子どもは言われなくても自身の行動の規範として、身体の中に取り込んでいくものです。

当園では、子どもたちに「『修業式』のように『式』という言葉が付く日は、みんなにとって、とても大切な日だから着てくるお洋服はきちんとした物にしましょう」と身だしなみについても教えています。

夜更かしは子どもの脳と心の成長を妨げます。20時には就寝を！

現代ではすっかり忘れ去られていますが、人間だけでなく生き物の1日の行動の規範は太陽の動きと共にあります。脳科学の分野では人間は25時間を1日とする体内時計で動いているといわれていますが、それを24時間に調節してくれているのが太陽なのです。朝日が昇ったら目を覚ます。日が沈んだら家の中で静かに過ごす。これは人間の生活の基本です。

時代錯誤と言われるかもしれませんが、街灯がない時代は早寝早起きの生活が当たり前でした。ところが現代では、最終電車がすし詰め状態だったり、24時間営業のお店もありますし、オンラインゲームに夢中になり、明け方にやっと眠りにつくような人も多く、翌朝に寝不足のまま出勤して仕事に身が入らない、ということも少なくありません。

体内時計に反した生活に子どもを付き合わせないで

夜更かしが当たり前の不健康な生活をしてきた人が、今、父親・母親になっていますから、子連れで夜の街へと繰り出し、居酒屋で夕食をとったり、ショッピングモールへ出かけたりすることを、子どもの成長にとって悪いことだとは露ほども思わない親が最近とても増えました。

本来なら夜になったら赤ちゃんは暗いところで静かに眠っていなく

てはいけないものなのです。幼児でも暗くなったら家の中で静かに過ごさなくてはいけません。大人だって夕方になれば何か物悲しくなるもの。ましてや子どもは特にそういう傾向があります。夕方、ご飯の支度をし始めるとぐずったり、泣き始めたりする赤ちゃんが多いのも体内時計のせいなのです。体内時計に反して、太陽が沈んでいる時間帯に明るくてにぎやかな場所にいると、幼児はハイテンションになってしまい、さて寝かせようと思った時には眠れなくなっているのです。

赤ちゃんの頃は脳が育つ最も大事な時期であり、幼児期は心が育つ重要な時期です。生活リズムを乱すことは成長の妨げになります。大人のライフスタイルの変化が影響し、すでに世の中は子どもたちが夜更かしをすることが当たり前になっています。保育園や幼稚園に通う子どもの約半数が、夜10時以降に寝るという報告もあります。そのような生活をしている子どもたちの、脳や心が悲鳴を上げるのも時間の問題です。

感情的に叱ってはいけません！
目を見て言葉で言って聞かせる

子どもの叱り方について、お母さん方から相談されることがよくあります。叱り方がわからないということは、自身も叱られてこなかった「温室育ち」であったのでしょう。子どもが小さいうちから親がきちんと叱っておかないと結局その子どもは打たれ弱くなり、そのまま社会に出なくてはならず、大人になってから大変な苦労をします。それでは本当にかわいそう。早い段階で荒波に揉まれる必要があるのです。だから、してはいけないことをした時や、人に迷惑がかかるような行動をした時は遠慮せず、わが子の未来のために、しっかり叱ってあげてください。

「大好きよ！ だから叱るの」と伝えます

昔は、「お天道様が見ているから悪いことをしてはいけません」「罰があたるからそういうことはするな」とおじいちゃんから怒られ、悪いことをすると「出ていけ！」と父親からきつく叱られては、よく家の外に出されたものです。今、そのようなことをすれば虐待として近所の人からすぐに通報されてしまいますのでなかなか難しい時代です。今の親は虐待とお仕置きの区別がつかず、感情のままに怒り狂ってしまい、命にまで関わるようなことをしてしまうのですから……。

一体、親心というものはどこにいってしまったのでしょうか。子どもを叱るのはあくまでも、その子の将来を考えてあげてのことで、愛情の表れのひとつであるはずです。私が叱る時には、子どもにわかるようしっかりと言葉で注意をし、倉庫に連れて行くときもあります。そうすると子どもは「僕のこと、園長先生は好かんちゃろ」と声を張り上げて泣きます。私は「大好きよ! だから叱るの。嫌いだったら○○君が悪い子になっても園長先生は平気だから叱らないよ。でも、園長先生は○○君のことが大好きだから、いい子になってほしいから叱るのよ」と伝えます。3歳くらいになればきちんとわかってくれます。

子どもの目の高さに合わせ、目を見ながら言葉で叱る

大事なことは、**子どもが泣いていてもわめいていても、必ずこちらの目を見させること**。私も、「園長先生の目を見てごらん、園長先生

は怒っているのよ。どうして怒っているかわかる?」と言って、その子の目を見て叱ります。その時には**大人は立ったまま上から子どもを見るのではなく、自分の目の位置を子どもの目の高さに合わせるようにしゃがみ、言葉できちんと説明してあげます**。「そんなことをしちゃ危ないでしょ。そういうことをしたら、お友達も○○君のことを嫌いになってしまうでしょ。みんなが○○君のことを〝イヤだ〟って言って向こうに行ってしまったら、○○君も悲しいでしょ?　イヤでしょ?　みんな本当は○○君のことが大好きだけど、○○君がそんなことするから、こんなふうになっちゃうでしょ。みんなもきっと悲しいんだよ!」と。そして、その子の胸を指しながら「ここに、いじわる鬼さんができないようにしようね!」と、向き合ってじっくりお話するようにしています。

なぜ叱られているのか、理解できないから繰り返す

大切なのは、**なぜ自分が叱られているのかをわからせること**です。感情のままに叱るのではなくて、「お友達にイヤな思いをさせる悪い子になってほしくない」「そんなことしたらケガをする」、だから叱っているんだと、**論理立てて叱らなくてはいけません**。その場しのぎの叱り方では、子どもにはわかりません。きちんと叱ることができていないから、子どもはまたすぐに同じことを繰り返すのです。

昔は先生が厳しくて、時には水を汲んだバケツを持たせたり、お尻を叩いたりしながら叱っていました。今、そういうことをすれば学校では体罰扱いされますから、結局パシンとできるのは親しかいません。も

ちろん、親がイライラして感情的に叩くのは論外ですが、**論理立てて叱る中で本当に必要な場面になれば叩いてもいい**のです（しかし、顔や頭はいけません）。それがわが子への愛の鞭です。

「あなたが悪い子になったら、お父さんもお母さんも悲しいんだよ」「周りを悲しませる子になりたくないでしょ」と言えば、親のことが大好きな子どもは自分が悪かったということに気付いてくれます。子どもは親のことが世界で一番好きなんです。叱られてもパパとママのことが大好きなんです。だから親は自信と愛情をもって叱ってほしいと思います。

「ダメ!」は子どもの脳を疲労させます

東京と博多で認知症のお年寄りの治療をされているお医者様の藤野武彦先生は、現代の子どもたちの精神的な疲労について警鐘を鳴らされています。子どもの精神・神経疲労、いわゆる脳疲労は、ストレスが原因で起こりますが、それは親や周囲の大人たちからの理不尽な禁止、「ダメ!」にあると仰っています。子どもの脳疲労を放置し続ければ、不登校、引きこもり、キレる、いじめなどを引き起こし、ひいては、うつ病、神経症など精神異常をきたしてしまいます。

「騒いではダメ」「走ってはダメ」「勉強しなきゃダメ」……。今の子どもたちの周りには「ダメ!」ばかり。自分の命の危険と、他人を傷つけること以外での「ダメ!」は大人の都合です。試しに一度、理不尽な「ダメ!」を意識してやめてみてください。子どもがみるみる生き生きとし始め、結果、親の言うことを素直に聞き入れるようになります。

※藤野先生との対談をP231より掲載しています。

叱ったあとは、手作りの温かい食事を作ってあげてください

うちの園の子どもたちは叱られたあとでも、よく先生の話を聞きます。シュンとなった子に「○○君がいないと、これができないでしょ？　だから待ってるからね」と言います。そうすると泣きながらでも、遊びやお勉強の続きをきちんとやります。**排除型ではなく、参加型の叱り方。孤立させるのではなく、「○○君がいないと、みんな寂しいでしょ、みんな待ってるんだよ、○○君のことが大好きなんだよ」**。その時のみんなの温かな表情に、叱られた子も救われます。素晴らしい仲間意識です。

仲間というのはとても大事。卒園していく子どもたちにはいつも、「みんなはね、小学校が分かれてしまっても、大人になってからもずーっとずーっと友達だよ、仲間なんだよ」と話をして送り出します。仲間を思いやりながら一緒に過ごした時間は、最高の財産です。

叱ったあとは、心をほぐすフォローが大事です

おうちで叱る時には、**「お父さんもお母さんも、あなたのことが好きだから叱るんだよ。叱らないお父さん、お母さんはいないと思うよ」と、ちゃんと目を合わせて伝えてあげてください**。感情的に怒鳴ったり、パシンと叩いたりしてそのまま突き放してしまったら、子どもはどうして怒鳴られているのかもわからないし、「僕はいけない子なんだ、愛されて

いないんだ」と心を閉ざしてしまいます。

また、愛の鞭のあとは、フォローが大事。叱っても最後には「わかった？ だったらこっちにおいで、温かいものを作ってあげるから」と呼び寄せてあげましょう。そこで大切なのが〝食〟です。〝食〟をうまく使って、親子の絆を深めてほしいのです。**叱られた子どもはお母さんの手料理で心がほぐれ、その時の食事はいつにも増して美味しく感じる**と思います。

叱りっぱなしはよくありません。昔も、子どもたちは雷おやじにゲンコツをもらって、「晩めし、抜きだ!」と外に追い出されて、しばらくするとお母さんがその子を台所に連れてきては、やさしく諭しながら用意していたおむすびを食べさせるということをしていました。そうやって親の「厳しさ」と「愛情」は紙一重だと学んでいくのです。

幼児期の兄弟げんかと友達同士のけんかは必要（育ちのエッセンス）

兄弟げんかや、お友達同士のけんかの場合にも、頭ごなしに叱ったりせずに、まずは両者の言い分を一人ずつ、「どっちが先にその言葉を使ったの？」「どっちが先に押したの？」と平等に聞きます。話が食い違ったら、「じゃあ、二人一緒に話そうね」と、担任を入れて三人で話します。「ほーら、先に言ったのは○○君でしょ、だったら○○君が謝らないといけないよね」と諭します。これがルールです。そういう物の道理が大事。「さっきはごめんなさい」と素直に謝ることができるから、「いいよ。あそぼ！」と、心にしこりが残らないのです。

「お兄ちゃんでしょ！」で済ませない

兄弟の場合には、言わなくともお兄ちゃん、お姉ちゃんが我慢したり遠慮したりしています。それでもけんかになるということは、よほど我慢ならなかったということもあるでしょうから、「お兄ちゃんでしょ！」の一喝で済ませるのではなく、両者の言い分を一人ずつ聞くことです。そのうえで道理に従い、悪いほうが謝る。お兄ちゃん、お姉ちゃんのストレスも時には開放してあげましょう。**「いつも面倒をみてくれてありがとうね、お母さんとっても助かるわ」と一言伝えるだけでもいい**のです。そうすれば黙っていても下の子の面倒をよく見てくれるはずです。

歌で心を磨き、民話や神話で道徳を学ぶ。本物の芸術に家族で触れる機会を！

ふたば幼稚園で、自由遊びと同じくらい大切にしているのが音楽です。園の一日は歌やピアノで始まり、お帰りも「みなさん、さようなら、また、あした〜♪」と明日への期待を膨らませてから、その日の幼稚園生活を終了させます。みんなで一緒に歌う時は心が通じ合い、ウキウキするもの。だから、子どもたちはみんな歌を歌うのが大好きです。そしてお遊戯会では、自然や命をテーマにしたミュージカルの発表もしています。

私たちは子どもたちに、「歌う時は声をしっかり出しましょう」「おな

年長児を中心に地球環境や命、平和について考え、ミュージカルで表現しています。

かから声を出すのよ」「でも、お歌はやさしく歌いましょうね、きれいな声で歌いましょうね」と、ひとつひとつ言葉で伝えていきます。

歌を大事にすることは、心を大事にすること

「もういくつ寝るとお正月、お正月には凧あげて～♪」と、童謡や唱歌など昔の歌の情景は時代にそぐわなくなってきていますが、それでもやはり今聞いても素晴らしいものです。「うさぎ追いしかの山～♪」と、『ふるさと』の歌詞もとても美しく、古き良き日本の田舎の情景が目に浮かんできます。

昔から歌われてきた日本の歌を歌うのはとても大事。歌を大事にすることは、心を大事にすることと一緒です。たとえば戦後、ブラジルの奥地に移住した方が、80歳を過ぎた今でも、「日本語はとてもきれいだから忘れちゃならない」と、日本の唱歌を中心にして日本語を教えておられる方もいらっしゃるほどです。

日本の神話や民話、本物の芸術から学ぶことは多い

園では絵本をたくさん読んで聞かせています。ぜひ、**ご家庭でも日本の神話や民話を読んであげてください**。

今の子どもたちは「イナバの白兎」など知らないでしょう。「カチカチ山」「さるかに合戦」などの日本の神話や民話からは道徳が学べます。私は年長児たちには必ず〝地獄の絵本〟（P92参照）を読んで聞かせています。この絵本には、悪いことをすると罰が当たる、必ず自

分に返ってくるといった教えがあり、この国に昔からある道徳教育を自然な形で伝えています。私が子どもの頃には、祖母や母の素話からそういった教えを自然に学んだものです。

親子で本物の芸術に触れる機会を持つ

美術館やコンサートに出向き、本物の芸術に触れることも必要です。必ずしも子ども向けの美術館や企画展である必要はありません。大人が楽しめる内容でもいいのです。芸術性の高いものには、子どもなりに感じるものがあります。大人になって再びその作品と出合った時に、お父さんやお母さんと鑑賞した思い出や、作品への感動がよみがえると思います。**何をするにしても、その「時間」と「空間」を家族と共有している、それが子どもたちにとって何よりうれしいこと**なのです。

子どもが変わる魔法の褒め方

言葉は魔法です。言葉の選び方ひとつで表情がガラッと変わり、みるみるやる気が出てくるのが子どもです。ですから**「すごいね」「上手ね」「かっこいいね」とポジティブな言葉は常にかけてあげてください**。そうしたうえで「ここは直さなくちゃいけない」というところには、「ここ、ちょっと頑張ったらもっと良くなるよ」と言ってあげます。すると「よし、やってみよう!」とスイッチが入るものです。

今、日本の若い世代や子どもたちには自尊感情がないと聞きます。小さい頃から「あれはダメ、これもダメ」「なんでできないの?」「どうしてそういうことをするの?」「まだできないの?」と否定され続けていると、自尊感情が育たなくなってしまうのです。

自尊感情を育てるには、褒める以外にありません

どうしたら自尊感情が育つのか。それは褒めること、その一点につきます。自分が評価され、必要とされていると自覚することで自尊感情が養われるのです。

お母さんは、お子さんが小さい時から「とにかく褒める」というクセをつけてください。どんな時でも褒めていいのです。たとえば、子どもというものは「お母さんの役に立ちたい」「先生の役に立ちたい」と、進んで

お手伝いをしたがるものです。その時は少し面倒でも、ぜひやらせてあげてください。そして、「うわー！　すごい！　こんなことができるの？」「お母さん助かったー、ありがとう!」と褒めてあげてください。本当は自分がやったほうが早くて確実なのに、という思いもわかります。でもそこは子どもに花を持たせてあげましょう。

「良かったー」「助かったー」「ありがとー」を、魔法の言葉として日頃からパラパラと子どもたちにかけてあげてほしいのです。ポジティブな言葉をどんどん投げかけて、「ここを直したらもっといいんだよ」と、ちょこっと付け加えると、それを達成しようと子どもは俄然張り切ります。みんないっぱい褒められたいのです。

お母さんたちの頑張りもちゃんと褒めます

私は子どもだけじゃなく、頑張っているお母さんたちのこともたくさん褒めてあげます。お母さんたちの子どもへの接し方や、食事の内容などを拝見した時には、「すごい！ ふたば幼稚園のお母さんにしかできないことですよー」などと言って褒めることもあります。お母さんたちも褒められたらうれしいのです。

子育ては、やってもやっても誰からも認めてもらえないことが多く、報われないと感じることもあるでしょう。実際にふたば幼稚園のお母さん方はとても頑張ってくださっていますから。そういう喜びが、また次の原動力になります。褒められて、ますます頑張るお母さんの姿を見たら、子どもたちだって喜びますよ。

子ども同士で褒め合う「いいところ調べ」のやさしい時間

　これまでにもお話をしてきましたが、3歳までに「基本的習慣」を習得できたら、次のステップとして6歳までに「善悪の判断」ができるようにならなくてはいけません。してはいけないことや悪い言葉遣いなどをこの時期にしっかりと正さなければならないのです。しかし、「○○してはいけません」という否定的な言い方そのままでは、子どもは理解できません。たとえば「自分がされたらイヤな気持ちになるでしょ、だったら自分もしちゃいけないでしょ」という言い回しで諭します。園では言い回しには常に注意を払って指導しています。

　ところが、そういう話をしていると、とかくこの時期からの幼児は「あの子に○○をされたー」「あの子が仲間に入れてくれない」「あの子が悪いことしてるよー」と、先生に言いつけに来る場面が多くあります。でも、そういうことばかりをお互いに言い合っていても何も前に進みませんし、良いことはありません。

お互いに褒め合うことで相乗効果が生まれます

　ふたば幼稚園では、**年長さんになったら毎日、子ども同士で褒め合う時間を設けています**。その日に気付いたお友達の「褒めたいところ」「いいところ」を発表し合う「いいところ調べ」の時間です。

「今日は○○ちゃんが遊ぼうって言ってくれたからうれしかったです」と発表すれば、言われたお友達もうれしいものです。「今日は○○ちゃんがおもちゃを貸してくれたからうれしかった」とか「一緒にお弁当食べようって言われてうれしかった」などと発表をしているうちに、何をすればお友達を喜ばせることができて、何がお友達をイヤな気持ちにさせるのかを、「いいところ調べ」の時間では気付かせることができます。そして、**人を褒め、自分が褒められることで、子ども一人ひとりの自尊感情（自分を愛する力＝友達を大切にする力）が育っていく**のです。

「いいところ調べ」の時間は「みんなが喜べばうれしい」「大好きな人を喜ばせてあげよう」という気持ちを再確認できるやさしい時間。おうちでも家族で「いいところ調べ」を、ぜひされてみてください。

家庭でも実践できる!

いいところを見つけて発表し合う
いいところ調べ

○月×日△曜日

ママが見つけたさとし君のいいところ

スーパーで買い物をしたあとに、自転車置き場まで荷物を持って手伝ってくれたところ。

↓

ママはどんな気持ち

ママは荷物が軽くなって楽ちんだったし、さとし君が自分から「持ってあげる」と言ってくれて、とても頼もしかった。

ふたば幼稚園の子どもたちが喜んでやっている「（お友達の）いいところ調べ」ですが、ぜひ、ご家庭でも実践してください。夕食の時間など、みんなが揃ったところで、家族がお互いに「してもらってうれしかった」ことを伝え合う。ただそれだけのことなのに、お父さん、お母さん、子どもたちの、恥ずかしそうな、ちょっと誇らしげな笑顔が目に浮かびます。この「やさしい時間」は大切な家族の思い出となって、いつまでも子どもたちの心に残るでしょう。

○月×日△曜日

さとし君が見つけたパパのいいところ

電車でおばあちゃんの家に行った帰り、お年寄りの人が乗ってきた時にすぐに席をゆずっていて、やさしかったし、かっこよかった！

さとし君はどんな気持ち

お年寄りの人は座れてうれしそうだったし、僕も今度は「どうぞ」と言って席をゆずってあげようと思った。

子どもが変わるお休みの日の過ごし方

「視覚」「聴覚」「触覚」「味覚」「嗅覚」という五感は、普通に生活していれば育ちます。けれども「心で感じる力」である第六感だけは、ただ生活しているだけでは育まれません。理由は簡単。現代は、そういう感覚を刺激するような生活からは遠ざかっているからです。

「心で感じる力」を育てるためには、自然の中に入って没頭して遊ぶことが大事です。そこで養われる力は、教師、親、大人が教えて得られるものではありません。潮の満ち引き、季節の移り変わり、風の音、木々のそよぎが第六感を育ててくれるのです。

志賀島は第六感が育つ場所

私は生まれも育ちも志賀島で、昭和23年から続く歴史のある、ここふたば幼稚園の出身です。子どもの頃、私がどれだけこの志賀島の自然の中で楽しく遊び、生活してきたか。だからこそ、子どもたちには私が子どもの頃に味わった「ハラハラ」「ドキドキ」「わくわく」「ゾクゾク」を体験させ、その中で「なんでー?」「どうして?」「不思議～?」を感じる経験をいっぱいさせたいのです。

たとえ磯遊びの場所が危険な岩場であっても、ふたば幼稚園の子どもたちには目いっぱい遊んでもらいます。森の奥のけものみちにずんずん入っていったとしても止めません。子どもたちは虫と戯れたり、生き物を見つけたりしながら自然にまみれていっぱい遊びます。子どもたちにとって、草花や生き物と触れることはとても大事なことです。**磯でも森でも生き物がたくさんいるところでは、子どもたちは時間を忘れ、没頭して遊びます**。そうすることで「心で感じる力」、いわゆる第六感が育っていくのです。

子どもは自然の中で遊ぶことを望んでいます

お父さん、お母さんは、お休みの日にお子さんと外で思いっきり遊んでいますか？　休日、混雑しているテーマパークを連れて歩いたり、高価な遊具やゲームをそろえてあげたりしていませんか？　そういった遊びは子どもの喜びよりも親の自己満足のほうが大きくなっています。

試しに一度、お弁当を持ってお子さんを自然界に連れて行ってあげてください。もし、ご両親に時間があるなら、おむすびを作り、家族そろって野山に出かけてみてください。子どもたちのキラキラした目と表情に驚くことでしょう。そうすることで、子どもたちの第六感が目覚め、同時に五感も刺激されます。子どもは親と一緒に自然の中で遊ぶことを何よりも求めているのです。

これが子どもに対する親の愛情です。**子どもは、親や家族と過ごした時間と思い出が多ければ多いほど、それが豊かな感性を育んで、素晴らしい大人へと成長していきます**。それが将来、彼らの子どもへの愛情へとつながり、次世代の子育てに活かされていきます。

「お稽古ごと」「高価な服」「レストランで食事」は親の自己満足です

近頃は、毎日お稽古ごとの予定がびっしりで、お友達と遊ぶ時間がほとんどない子も少なくないそうです。お友達との関わりの中でなら、自尊心も養われていき、自分の能力をどんどん伸ばしていけるはずだったのに、**お稽古ごとで才能を伸ばそうとするあまり、自尊心が育たずに自分を愛せない子が増えている**と言っても過言ではありません。

- **将来この子が困らないようたくさんの習い事を経験させてあげる**
- **頑張ったご褒美にレストランに連れて行ってあげる**
- **おしゃれで高価なものを着せてあげる**

これらは一見、子どものために親が頑張っているようにも見えます。でもよく考えてみれば、親の自己満足であり、親の一方的な方針であって、子どもの本当の思いが反映されていないことが多いのです。

お子さん自身の興味がなければ何をやっても無駄

子どもは小さいうちは親の言う通りに動きます。でもそれはレールの上を親に引っ張られて進んでいるだけ。子どもがあっちに行きたいのに、お母さんはこっちの道がいいと引っ張る。それは愛情ではありません。

親が子どもの気持ちをもっと尊重してあげないと、子どもは自身の人生どころか、自分の存在さえもつまらないものに思えてきてしまうのです。

親がレールを敷いてあげて安心するのではなく、お子さん自身が興味のあること、挑戦したいと思うことを見つけて、「私はこれがやりたいんだ」と向き合えない限り、費やす時間もお金も無駄になってしまいます。そのためにも、もっと友達同士の関わり、家族の関わり、自然との関わりを深めて、多くの感覚を養う必要があるのです。たとえ子どもが自分で選んで敷いたレールで大きな成果を上げられなかったとしても、そこで得た仲間とエネルギーは、親が亡くなったあとも自分の力で生きていくための確かな力になるのです。

お父さんの威厳は保たれていますか？

男女平等、女性の社会進出、そしてイクメンなどがもてはやされ、気がついたら家庭でのお父さんの立場が弱くなっているように思えますが、お宅はいかがですか？

もちろん夫婦でお仕事をされている場合に、家事など家庭内の仕事をお母さんが一人で背負うのは大変なことです。分担ができるところは分担するべきですし、お父さんはお母さんの理解者として、お母さんをサポートすることは大切だと思います。

お父さんを敬うことで、家族の結束が深まる

夕食の献立を決める時に、「今日何食べたい？」と子どもにばかり聞いていませんか？　もしそうなら今日からやめてください。今後は**家長であるお父さんの好きなもので献立作りをしてほしい**のです。

たとえ、お父さんの帰りが遅くて夕食の時間に一緒に食べられないとしても、「お父さんが遅くまでお仕事を頑張ってくれているから、こうしてご飯を食べることができて、絵本が読めて、楽しく生活ができる」ということを子どもにわからせることが大事です。父親不在の食卓だからこそ、頑張っているお父さんのことを話題にします。そうすれば、子どもにお父さんを敬う心が養われますし、また、お父さんだって気分も良くな

り、お母さんへのサポートも気持ちよくやってくれるようになります。

お父さんと一緒の食事の時には「最初にお父さんのご飯をよそっておこうね」「お父さんにはおかずも多めに盛り付けて、いっぱい食べてもらおうね」という具合に、お父さんを立ててみてください。〝家族のためにお仕事を頑張るお父さん〟〝家族の生活の世話を頑張るお母さん〟という両親の輪の中で安心して育つことで、お子さんの情緒も安定し、健やかな成長へとつながっていくのです。

中高生の家庭科で母親になる教育を

「赤ちゃんのために1日の時間のすべてを費やしてあげるのが母性です」と第1章でお話をしましたが、出産後に結婚前や出産前と同じ時間を欲しがるお母さんには、「子どもが育つ3年後を楽しみに待っていてください」と、はっきり言っています。お母さん一人に負担のかかる核家族で暮らしている方からしてみれば不満もあるでしょうが、お子さんの3歳までの成長を見たら、苦労もきっと吹っ飛ぶと思います。

私の娘は大家族に嫁ぎました。そんな娘に「あなた、核家族になりたい時もあるでしょ?」と聞いたことがあります。すると、「お母さん、なんてこと言うの!　おばあちゃんがいらっしゃるから下の子がちょっと熱を出した時にもお兄ちゃんをお願いできたり、雨が降りそうな時に洗濯物の取り込みをお願いできたりするのに」と言ってくれました。その言葉に私はとてもホッとしました。

「おかえり!」母親が家庭で毎日温かく迎えてくれる日常

私の娘は、大学卒業と同時に結婚して子どもを産みました。その時にも「お願いだから、子どもが3歳になるまでは仕事に出ないでね」と娘に言ったところ、「私が小さい頃、『ただいま!』って帰ったらお母さんがいつも台所にいて『おかえり!』と言っていてくれたことが、すごく自分の胸の中にあったかく残っているのよ。だからお母さん、私は決してそんなことしないよ」と言ってくれました。ああ、やっぱり見てくれていたんだわと、母親としてうれしくなりました。

子どもは親のうしろ姿を見て育つ。言う通りには育たない。中でも子どもにとって母親は、特別でとても大事な存在です。

母親を育てなくてはならない国

私たちはプロとして、幼児教育者として、子どもたちを育てることには自信を持っています。しかし、今は母親を育てなくてはならない大変な時代になってしまいました。子どもたちのことを考えた時、まず必要なのは**母親に対する教育をしっかりすることであり、それがそのまま子どもの教育へとつながっていく**ということ。これは、現場の人間なら骨身にしみていることではないでしょうか。

今では伝授されることがすっかり難しくなってきた「母親になるための教え」。昔は「家庭科」という学校の教科で様々なことを学び、実践的なことは祖母や母親から生活の場で教えられ、そして一人前の母親へと育っていったものです。ところが、今はお手本が目の前になくて戸惑うお母さん方がとても増えてきています。学校は知的なことばかりを競わせるのではなく、**母親になるという母体の教育と心の教育をもっとしていただきたい**と思います。女性として、人間として大切なことを教えなくては、国の未来はありません。

〝地獄〟と〝極楽〟の絵本から「人に迷惑をかけてはならない」ということを学ぶ

ふたば幼稚園では、日頃から「〝おてんとうさま〟が見ているから悪いことをしてはいけない」と指導して、「お友達の良いところを探しながら、6歳までに善悪の判断ができるように」と願い、道徳教育を進めています。その一環として毎年、年長児の二学期頃に『絵本 地獄』『絵本 極楽』を読んであげています。

現代社会は核家族がほとんどで、〝人としての生活の基本〟や〝しつけ〟がおろそかになっています。ですから人間の大事な根っこの部分の教育であるはずの〝人に迷惑をかけてはならない、ダメなものはダメ〟という人としての柱を、この時期に培うことが大切だと考え、絵本の読み聞かせを通した根っこ教育にも取り組んでいます。

地獄の絵本を読んであげている時の子どもたちは、目を覆ったり、お友達とのやり取りを思い出したりしながら聞き入っている感じがその様子から見て取れますし、絵本に入り込んでいる子どもたちの心の機微が読み手にしっかりと伝わってきます。この経験が自身の言動を振り返るきっかけとなり、それがお友達の「良いところ探し」にもつながっていきますので、この二冊はとても効果的な道徳教育の教材だと考えています。

『絵本 地獄』『絵本 極楽』
共に風濤社刊

第3章

子どもの生きる力を育むためのメソッド

「生きる力」は、
きちんとした生活の中でしか育ちません

今、介護の世界では「相手の目を見て話しましょう」「手を添える時は上からつかむのではなく下から支えるように」「相手の話に耳を傾ける」など、ユマニチュードという介護方法が注目されていますが、そのノウハウ自体は、ごく普通のことであると思います。

介護する相手を一人の人間として、自分と対等な存在として心を寄せて接するというこの介護方法が、今もてはやされるということは、そうした「普通」の行動をすることが難しくなってきているということです。ぐずる子どもの腕を親が引っ張り、叩いて怒っているのを見て、「普通に接してください」と指摘したところで、今の親には「普通」が理解できなくなっているのです。何が親をそうさせたのでしょうか。

偏差値を上げることが教育だとは思いません

今の子どもの親たちが受けてきた教育が、テストで点数や順位を競うものであったことが、親としての資質を下げた原因ではないかと思っています。学校教育では5教科（国語、数学、理科、社会、英語）

を中心とした時間割が組まれ、「点数がとれること、偏差値を上げること＝教育」という図式になってしまっていたからではないでしょうか。

人間にとって本当に大切なのは教科以外の学びです。社会とは？　生きるとは？　人生とは？　そういった問いの答えを気付かされていく機会がなくなってしまった。私たちが子どもの頃は、エジソンや野口英世、北里柴三郎など社会の役に立った偉人たちの伝記を読みながら、「すごいな、こんな大人になりたいな」と憧れを抱いたものです。そして、現実の生活の中でもモデルとなる存在がいました。そこから点数や偏差値ではない、人間力や生きる力を学ぶことができました。

生きる力はしっかりとした生活習慣から培われます

朝起きてパジャマを脱いで洋服に着替え、歯を磨いて、顔を洗って、朝ご飯を食べて、ランドセルの準備をして、「行ってきます」と元気に登校する。これが生活の導線であるはずなのに、今の子どもたちの生活にはこの導線が全く築かれていません。日々の正しい生活リズムが子どもの成長には必要であり、それが生きる力になっていくのです。

こうした生活習慣を二の次にして、勉強しなさい、塾に行きなさい、ピアノを練習しなさいと、**基本ができていないのに勉強やお稽古ごとに前のめりになるから、子どもの心に歪みが生じるのです**。塾があるため夕食は10時以降という子どもが多く、驚きます。基本は「地に足をつけて生活をすること」。これが生きる力につながっていきます。ここを雑にしてはいけません。

早期教育はおむつが取れてからでないと無駄になります

第1章の始めに「しつけの臨界期は9歳まで」と書きましたが、その中のステップとして、うちの園では3歳までに「基本的習慣の確立」、つまり衣服の着脱、排せつ、食べる時のお行儀などをきちんと行えるように指導します。

人間の脳は、体幹を通してお尻へ、そして足の裏までの全部がつながっています。こういう身体の仕組みの特徴を差し置いて、右脳教育だ、左脳教育だと「わかりやすい能力」のようなものだけを引っ張り出そうとするから、子どもが思春期になっておかしくなるのです。そのような教育は、お尻と足の裏がしっかりできていないとやっても無駄。身体の仕組みから言えば、きちんと立って歩くことができて、自分で排泄のコントロールができないうちは、そういった訓練には意味がありません。

紙おむつに頼っていては成長の妨げになります

当園では、就園前の親子教室で2歳までにはおむつを取るように指導しています。もらしたとしても、排泄は本能ですから仕方のないこと。特に**紙おむつは親が楽をするために使うだけで、子どもの育ちにとってはあまりよろしいものではありません**。昔は、どこの家庭でも「子どもはおねしょをするものだ」ということを前提に、おねしょをしていい敷布団をひとつ決めて、濡れたら干すといった具合にしていたのです。

現代の親や大人が忘れてしまっていることですが、子どもには自ら育っていこうとする子育ちの力があります。子育てとは、子どもが持つその力を支援し、擁護していくもの。「面倒だから」「汚いから」といって、便利でサラサラな紙おむつをはかせていては、子どもはいつまでも子育ちの力が発揮できずに、発達が遅れていきます。

今は経済のターゲットが、お年寄りと子どもに向かっていて、お年寄り用や子ども用の多種多様な商品が溢れています。紙おむつにしても、大きい子用のパンツタイプまで売られていますから、それを見たお母さんは「大きくなってもおむつをしていていいんだ」と甘えてしまいます。

おもらし、おねしょの不快感がおむつの卒業につながる

本当なら0歳児の頃から「おしっこしたから濡れている」「気持ち悪い」と肌で感じさせることが必要なのです。赤ちゃんにも「おしっこしたくなったらトイレでするんだ!」と気付かせないといけません。布おむつをあて、濡れた時の不快感を経験させるのも子育ての大事な要素です。

昔は満1歳でトイレ・トレーニングを始めたものです。子どもを後ろから抱えて便器の上に差し出すか、縁側から庭に差し出すか、おまるに座らせるなどしていました。「ムレない」「サラサラ快適」なおむつなどを使っていては成長が遅れるばかり。**紙おむつは満1歳まで(できるならば布おむつが最適)**。その後の紙おむつ使用は、必要に応じて時々使う程度に留めておいてください。

勉強よりもお手伝いをさせてください

私の次女が小学3年生の時のこと。私が仕事から帰宅したらご飯が炊けている匂いがしました。その時は私の母も早くから出ていて家には誰もいなかったので不思議に思いましたが、ガス釜のふたを開けてみるときれいにご飯が炊けていました。「誰が炊いてくれたの?」と次女に聞いたら、「私が炊いたよ」と答えたのです。「水加減も何も教えていないのにちゃんと炊けているね」と不思議そうな顔をする私に向かって、「お母さん、いつも水をここまで入れていたでしょ?　お母さんの指より自分の指は短いから、私は2番目の節までお水を入れて炊いたの」と水加減の手振りを見せて説明してくれました。子どもは見よう見まねで、何でもやってしまうものなのだと感心させられた出来事でした。

家事のお手伝いは勉強よりも生きる力に直結します

子どもには台所での仕事をなるべく見せてほしい。せっかく興味を示してきたお子さんに向かって、「手伝いなんてしないでいいから、お勉強していなさい」と言って台所から追い出したりしてはいけません。**親の生活を見せることが子どもの生きる力へとつながっていく**からです。子どもには、生活の導線である生活のリズムをしっかりとつけてあげる。そうすれば何に関しても自分自身で先の見通しがつくようになり、放っておいてもどんどん成長し、生きる力がついていくのです。結局、**きちんとした生活ができれば、自然と学習意欲が高まり、将来も社会参画がしやすくなる**のです。あなたが自分の子どもを〝お勉強ができる子〟にしたいのならば、**「お勉強なんていいから、こっちに来てお手伝いしてよ」と声をかけてあげてください**。

使用した白衣は自分できれいにたたんで片づけます。

給食の配膳も子どもたちが率先して行います。

いっぱい食べて、たくさん遊んで、ぐっすり眠ると脳が育つ

先にも申し上げましたが、人間は3兆の細胞を持って生まれ、細胞分裂を繰り返して成長し、20歳にはその20倍の60兆にもなるそうです。実はその大部分が3歳までに形成され、6歳までにはほぼ成人並みに成長するという研究結果も出ています。

脳に必要なセロトニン、メラトニンが活発に分裂を起こすのは睡眠時間中。しかも暗い中での睡眠によって生成されるということが解明できています。脳科学がこれだけ発達したからわかったことですが、「寝る子は育つ」と、昔の人はどうして知っていたのでしょう。先人の知恵には本当に感服いたします。

夜更かしは脳の発達を妨げます

夜に煌々と照明が照らされているような場所へ、赤ちゃんや幼児を連れて外出しているようでは、子どもの脳は満足に成長できません。最近は夕食まで世話をしてくれる保育施設もありますが、日が暮れてまでも子どもを預けるのはよくありません。子どもには、朝日が出たら目を覚まさせ、夕日が落ちたら家の中で静かに過ごさせる。大人だって夕方になると何か物悲しくなるでしょう。子どもだって同じ。経験値が少ない分、大人より敏感です。

夕食は6時くらいに済ませて、お風呂に入り、8時には就寝して最低10時間は睡眠をとることが大事です。6歳くらいになったら9時就寝にしてもよいですが、特に小学校に上がる前にこの生活リズムを作っておかないと、いよいよ読み書きのお勉強に入った時に集中できずに困ることになります。

とにかくお子さんの生活リズムを作ることを最優先にしてください。お母さんがテレビを観るとか、メールやゲームに夢中になるのはお子さんを寝かしつけてから。子どもの生活の基本は「いっぱい食べて、たくさん遊んで、ぐっすり眠る」。この3つがバランス良くできると脳が育ち、心も体も学力もすべてが良き方向に向かいます。

思いきり遊ぶことで、良い生活のサイクルができてきます。

地元産の美味しい海苔を巻いたおにぎりを、パリパリと音を立てて味わいます。

自然の中で没頭して〝自由に〟遊ぶことで生きる力は育まれる

幼稚園は、就学前教育として「人間関係」「環境」「言語」「表現」「健康」といったこの5つの領域を通して〝心情・意欲・態度〟をバランス良く育てるよう文部科学省より義務付けられています。ですから、日々のカリキュラムをきっちりと作り、これに則った保育運営をしていくわけですが、ふたば幼稚園は違います。普段の保育にかっちりとしたカリキュラムはありません。

園が行っていることといえば、園庭や近くの海、そして野山に子どもたちを連れて行き、思いっきり遊ばせる、ただそれだけです。でも、そうするだけでこれらの５領域がまんべんなく養われるため、ある領域を育てるために知育教材を使うなどということはいたしません。

時間をかけて作る保育指導案は不要

今の先生たちは、勤務時間内のみならず、プライベートの時間を割いて保育指導案の作成に一生懸命時間を費やしたりしていることがあります。また、そのための資料や教材を必死になって準備するなど、子どもと関わる時間よりもそちらのほうに心血を使い果たしているようにも見受けられます。

しかし、ふたば幼稚園では、園内で行うことに関していちいち目くじらを立てたり、指導案を必要としたりはしていません。園全体での共通理解は常に確認し合っていますし、私も先生方を信頼していますから日常の園内での保育は安心して任せています。磯遊びや野山散策など園外保育の時だけは、事故やケガの問題もありますので、しっかりとした保育指導案を立てますが、**普段の保育には指導案は作成しません**。なぜならば、時間がもったいないからです。その分の時間を子どもたちといっぱい遊んだり、お話をしたりする時間にあてたほうがよっぽど有益なのです。

枠にはめるのではなく、「自由」を与えて力を伸ばす

子ども達にとって自由な時間はとても大切です。カリキュラムがあると教師はその枠についつい子どもたちをはめてしまいがちですが、きめ細かなカリキュラムを立てるよりも、**自由な時間の中で子どもたちがどのような動きや遊びを展開させていくのか、観察したり考察を加えたりするほうが、より意義のある保育につながる**のではないかと考えています。

綿密な指導案や教材がなくても、その日の保育の〝ねらい〟や〝手だて〟さえ頭にあれば、教師は子どもたちと自由な時間を一緒に共有でき、その中で、子どもたち一人ひとりの育ちの様子をじっくりと観察できます。子どもたちも自由な時間の中での遊びや活動であれば、伸び伸びと自分自身を発揮し、自分自身で物事を考え、創造していく力を育んでいくことができます。

子どもは遊びの天才と言いますが、ふたば幼稚園の子どもたちは特にそうです。遊び時間のスタートの合図を送れば、子どもたちは海でも野山でも三々五々に散っていきます。その場合は「先生を見失わないでね。みんなから先生が見えるところにいてね」という指示だけをしておきます。注意はそれだけです。子どもたちはかすり傷をつくっても気にすることなく遊びます。自然の中に没頭していますので、いちいちトラブルの報告になど来ません。

擦り傷・切り傷は子どもの勲章として称《たた》えます

たぶん、他の幼稚園・保育園の子どもたちは、いきなり岩場に磯遊びに連れて行っても怖がってしまい、遊べないと思います。いいえ、その前に親のほうが「こんな危険な場所で遊ばせるなんて!」と心配したり怒り出したりするでしょう。ですから私は入園説明会の時に「子どもは遊びの天才ですから、擦り傷・切り傷は子どもの勲章だと思ってください」と宣言しています。

岩場に行ったりしたら岩牡蠣やフジツボで足を切ってしまうこともありますが、幼稚園では「あらっ、血が出てるね。でも、これは名誉の負傷よ、いっぱい遊んだ証拠よ」と言って褒めてあげます。ある日、女の子が草スキーで段ボールごと藪の中に突っ込んで、顔のあちこちを擦りむいてしまったことがあります。帰りのバスを降りてきたわが子に向かってお母さんは、「あらっ、今日はいっぱい遊んだんですね、先生」と言ってにこやかに微笑んでくれました。そういう言葉こそが私たちの大きな励みになり、子どもにとっても、もっともっと遊びが大きく展開していくきっかけになります。

今の保育現場ではケガをさせると親からクレームが入るからと、ダイナミックな遊びはもちろん、けんかさえもさせません。しかし、けんかをしたあとに仲直りをする時の気持ちがとってもうれしいものだということを、子どもは小さい時に体験しなければならないのです。

お友達と一緒の部屋にいても、個々にゲーム機器に向かっているようでは、心のふれあいはそこにはないでしょう。ゲームではみんなの心はつながっていきません。**けれども外遊びはみんなの心をつないでくれます**。絆を紡いでくれます。仲間意識を育んでくれます。それが大事なのです。**子どもたちは土や水や風と戯れながら、太陽の下で伸び伸び遊ぶこと、これが豊かな感性を育てるのです**。

草スキーはみんな大好き! 先生も一緒に思いきり楽しみます。

ふたば幼稚園写真館

遊び編

大自然の中で伸び伸びと遊ぶふたば幼稚園の子どもたち。何の制約もない大自然の中の遊び場では自分自身で生きる力を勝ち取ります。

ぜんぜん怖くないよ

もう一回やろう

ターザンごっこは順番待ち。
天然の遊具が子どもを育てます。

海を相手に自分たちで
遊びを広げて楽しむ園児たち。

泥遊びだーい好き

木の声が聞こえるよ

〝食事の在り方〟が
〝学力の向上〟につながります

ふたば幼稚園では、月・水・金を給食の日、火・木をお弁当（持参）の日としています。給食の日には、お味噌汁が入ったお鍋とご飯が入ったおひつが教室に運ばれ、子どもたちが器に注ぎ分けて配膳していきます。ご飯が左、お味噌汁が右、主菜、副菜、香の物と器を並べます。配膳も食育の大切な学習で〝しつけ〟の一貫です。

子どもたちは「いただきます」の挨拶まで席で静かに待ちます。おしゃべりに夢中になったり、おふざけをしたりすることは一切ありません。「ほら、静かに！　お口をチャック」などと言わずとも、ちゃんと食事に集中することができます。**食事に集中できるかどうか、また、遊びに没頭できるかどうかが、勉強の時の集中力に関わってきます**。

給食では割れない食器は使いません

園で使用する給食の食器はすべて陶器です。落としたら割れるということも勉強ですから、万が一、落として割ってしまっても叱りません。子どもは一度経験すれば、次からは割れそうなものは自分で注意して扱うようになります。子どもにとっては日々の体験こそが生きるための力となるとても大切な勉強なのです。

箸を使いこなすことで、文字を書く力も伸ばせる

園の子どもたちは箸の使い方も上手ですが、実は、箸を使いこなす手指の動きや感覚が、鉛筆の筆圧にもつながるため、**箸が持てるなら鉛筆も上手に持つことができるようになります。書くことは勉強の基本ですから、箸の使い方をしっかりと見てあげてください。**

最近では、「個性の一部だからと、左利きのままでいい」という方針のお母さんがいらっしゃいますが、文字のつくりは右手で書くようにできています。左利きのままでは、ゆくゆく本人が不便と感じることにもなりますから、箸を使い始める段階で右手を使えるようにトレーニングしてあげたほうがよいのではないかと思います。3歳までだったらすぐに直ります。

小さな手で箸をしっかりと持ち、豆類や魚なども上手に食べます。

左利きを「個性」で片づけてはいけない

どんなに時代が移り変わっても、昔から変えてはいけないものがあります。たとえば利き手。「左利きも個性」と言ってしまったある小児科医のおかげで、左利きは直さなくてもいいとして放っておく親御さんが増えていますが、とんでもないことです。３歳児までだったらすぐに直せるのにそのままにしていたら手遅れになります。

なぜ左利きを直さなければいけないのか。それは日本語の文字のつくりを見れば明快です。特に毛筆などは、止め、払いなど、右手で書くようにできています。外国の文字もほとんどがそうです。

箸の使い方を教えるコツ

箸の使い方を教える時には、食卓で向き合って行うと、お母さんが右手で持った時に、子どもは左手を使ってしまいます。鏡と同じように反転して見えてしまいますので、お子さんの横に座って、「お母さんのお手てと同じにやってみようね」と指導してみてください。「うん、上手になってきた!」と褒めながら、やる気をどんどん刺激してあげてください。

両方を利き手にするつもりで、右手をトレーニング

先ほど、左利きを直すと申しましたが、結局、両方使えればよいこと。右手も左手もどちらも使えるのは儲けものです。子どもが大きくなってから「どうして右利きに直してくれなかったの!」と責められなくて済みます。親が、直すべきものと変えなくてもいいものの区別がつかないとお子さんが気の毒です。

近頃はすべてが「個性」という言葉でごまかされています。でも**「個性」を活かしたほうが良い場合と、「普遍的」なものを大切にしたほうが良い場合と両方がある**のです。

「ならぬものはならぬ」の精神を基本に

大河ドラマ『八重の桜』で流行語になりましたが、私は幼い子どもの頃、祖母から会津藩のように「こうしてはいけない。ああしてはならない。『ならぬものはならぬ』」と聞いて育ちました。〝国家百年の計は教育にあり〟なのです。「子どもだからわからない」ではありません。わからなくても繰り返し言い聞かせていくと、いつか何かの機会に「ばあちゃんの言うとったことは、こういうことだったんだ!」と気付く。それが真の教育です。

多くの人は5教科(国語、数学、理科、社会、英語)=教育と思っていますが、これだけでは人間教育がなされません。「ならぬものはならぬ」の精神の基本は、「人に迷惑をかけてはならない」「社会に迷惑をかけてはならない」ということです。

子どもの時に味わえば、
人と食と自然への感謝を一生忘れません

キャベツとレタスの区別がつかない、スイカは木に実ると思っている、卵焼きがニワトリの卵から作られるのも知らない、そんな子どもが本当にいます。子どもが生活に必要な事柄に触れる機会を作るのは大人の責務。子どもの時に覚えたことは一生忘れませんし、特に食事の時には五感が働き、絵や写真で知るより確かな感覚として身につきます。

ふたば幼稚園の給食の献立がおにぎりの日には、園では地元産の美味しい海苔を添えます。子どもたちはパリパリと音を立てて食べています。私はその時に、海苔は豊かな海からの恵みであること、そして丁寧に加工して美味しい海苔にしていること、海苔はミネラルがいっぱいで体を元気にしてくれることを伝えます。子どもたちは海苔をただ単に食べるのではなく、いろいろなことを学んでいます。

また、インフルエンザや風邪の予防として、園でのうがいは梅酢を水で薄めたものを使用しています。梅酢にはクエン酸がたっぷり入っていてバイ菌をやっつけてくれることをうちの園の子たちは知っていますし、おかげで毎年、集団感染が起きずに過ごすことができています。

食事の一部分ではなく、その前後のことまでしっかり教えてあげることで、食への感謝、人への感謝、自然への感謝が養われます。これもまた確かな生きる力になるのです。

第４章

脳を育てる食事── 食べることは育つこと

食をおろそかにすることは
自分の命を粗末に扱うのと一緒

ふたば幼稚園の保育の中心のひとつである「食」。これは生き物が成長するための柱です。**生き物の体は食べ物でできている**わけですから、ここをおろそかにすることは、自分の命を粗末に扱うことと同じ、という考えのもと、食の教育に力を入れています。

私たちの園では、給食の素材選びとメニュー作りに心血を注いでいますが、給食が毎日出されるわけではありません。週に2日はお弁当の日とし、残りの3日を給食の日としています。それには子どもの心身の成長に関わるとても大切な理由があります。

園のお母さん方には家庭での食事の献立とその写真を提出していただいたり、それに付随して健康調査や生活調査などに協力いただいていますが、これは、大学や小児科医との協同で実現したもので、すでに10年余りの実績があります。その中で、和食がいかに子どもたちの成長に適ったものであるかといったデータも出ていますので、その成果をいろいろなところで発表させていただいております。

●ふたば幼稚園の給食メニュー例（2016年2月の献立から）

日（曜日）	メニュー	食材および調味料
15日（月）	麦ご飯、鯖の竜田揚げ、白菜と油揚げの煮びたし、お味噌汁、ぬか漬け、もろみ納豆	三分搗き米、押し麦、鯖、白菜、油揚げ、玉ねぎ、人参、さつま芋、わかめ、いりこ、昆布、ごま油、醤油、みりん、料理酒、甜菜糖、味噌、塩、菜種油、納豆、麦麹
16日（火）	お弁当	
17日（水）	麦ご飯、大豆グルテンミートの生姜焼き、お味噌汁、キャベツのニンジンドレッシングサラダ、ぬか漬け	三分搗き米、押し麦、大豆たんぱく、玉ねぎ、人参、キャベツ、えのきだけ、大根、白菜、いりこ、昆布、生姜、醤油、みりん、料理酒、甜菜糖、味噌、塩、菜種油、オリーブオイル、梅酢
18日（木）	お弁当	
19日（金）	茶めし、ごぼうフライ、ホウレンソウとえのきのお浸し、お味噌汁、ぬか漬け	三分搗き米、押し麦、番茶、大豆、牛蒡、ほうれん草、えのきだけ、玉ねぎ、人参、さつま芋、わかめ、いりこ、昆布、地粉、醤油、みりん、料理酒、甜菜糖、味噌、塩、菜種油
22日（月）	海苔巻きおむすび、煮麺、さつま芋スティック、いりこと昆布の佃煮	三分搗き米、押し麦、海苔、かまぼこ、油揚げ、わかめ、干し椎茸、ねぎ、さつま芋、いりこ、昆布、醤油、みりん、料理酒、甜菜糖、塩、菜種油
23日（火）	お弁当	
24日（水）	小豆おこわ、白身魚のあんかけ、小松菜の磯辺和え、お味噌汁、ぬか漬け	小豆、餅米、三分搗き米、黒ごま、白身魚、玉ねぎ、人参、干し椎茸、小松菜、海苔、白菜、大根、さつま芋、わかめ、いりこ、昆布、醤油、みりん、料理酒、甜菜糖、味噌、塩、菜種油、片栗粉、地粉
25日（木）	お弁当	
26日（金）	〈縦割りクッキング※〉　手打ちうどん、海苔巻きおむすび、いりこと昆布の佃煮、ぬか漬け	地粉、かまぼこ、油揚げ、干し椎茸、わかめ、ねぎ、三分搗き米、押し麦、海苔、いりこ、昆布、醤油、みりん、料理酒、甜菜糖、塩

※年少～年長の数人でグループとなり、園児全員で行う調理体験（P158参照）。

給食のご飯が「三分搗き米+麦」である理由

ふたば幼稚園の給食を食べると、明らかにその違いに気付くと思いますが、まず一番は〝ご飯〟が違います。園で出しているご飯は、三分搗き米に麦を混ぜたもの。「糠(ぬか)」という文字は、「米が健康」と書きますが、糠を全部捨ててしまった白米より、ほぼ玄米に近い三分搗きの米は栄養素のバランスがとても良く、また、麦はビタミンや食物繊維が豊富で、体の基礎をつくる育ち盛りの小さな子どもたちにとって、非常に栄養価の高い主食となるものです。

小麦粉や砂糖を摂り過ぎない食生活を

脳は糖質をエネルギーとしていますが、たとえば、おなかがすいている時にパンや甘いお菓子などを食べると急激に血糖値が上がります。すると体内では血糖値を下げるためにインスリンが働いてしまいます。また、砂糖や甘味料を摂り過ぎると脳内のカルシウムやビタミンを破壊します。ですから、子どもに甘い物を与え過ぎるのは禁物です。

また、大人であっても砂糖の摂り過ぎは肥満や糖尿病の原因となることはもちろん、脳に悪影響を与え、キレたりムカついたりしやすくなる要因ともなります。それを子どもたちにもしっかりと認識させることが大切です。特に白砂糖の摂り過ぎには十分に気を付けてください。最近では、欧米でも砂糖の摂り過ぎに警告を発し始めました。

そして、日本人の体質と欧米人の体質は大きく違うため、食に関してはそういった国の風土や歴史や体質的な違いも含めて学習することが大切です。日本人の腸は欧米人よりも約2mも長いといわれていますが、インスリンの量は欧米人の半分ほどしかありません。ですから、消化の早い小麦粉で作られているパンや甘いお菓子などを摂取すると血糖値が急激に上がるので、それを下げるためにインスリンが大量に分泌されてしまいます。それが糖尿病の原因になるのです。

でも、これがご飯であれば、小麦粉や砂糖とは違い、食べる際にもじっくりと噛んでから胃に送り込むことになりますから、血糖値もゆっくりと上がっていきインスリンの分泌も少なくて済みます。**ご飯は腹持ちもしますので、持続力や忍耐力もつき、安定した精神力を培います**。このことから、ご飯がいかに日本人の体にぴたりと合った食材かということがわかります。

ふたばママクッキング

recipe 1 三分搗き麦ご飯

材料（4～5人分）
三分搗き米……………………3カップ
押し麦……………………大さじ1～2
水………………………………3カップ

作り方
❶三分搗き米を洗って20～30分ほど水に浸しておく。
❷炊く直前に押し麦をざっと洗い、三分搗き米に混ぜる。
❸炊飯器または鍋で炊き、炊き上がったら軽く混ぜ合わせる。

低体温の子が急増中。この国の歴史・文化・風土に合った食事を

戦後の日本では欧米の栄養学がもてはやされ、欧米人の体質に沿ってカロリーをベースに作り上げられた「フードピラミッド」が、さも健康的な食事の指針であるかのように紹介されてきました。それが原因と言っても過言ではないくらい、今では大人も子どもも食事制限を必要とするほどに肥満や病気が深刻化し、子どもたちにおいては低体温症までもが問題視されています。子どもの平熱は通常36.5℃～37℃とされていますが、近年では36.5℃以上ある子はとても少なく、それ以下の子どもが目立って多くなってきています。抱っこした時に伝わる温かさが昔とは明らかに違うので、私もはっきりと感じます。

食の欧米化が、子どもたちの健康を脅かしています

低体温症をはじめ、こうした子どもたちの健康を脅かす現象は、先に述べたように食の欧米化が原因だということがわかってきており、最近では乳製品や油脂類、砂糖の摂り過ぎに警鐘を鳴らし始める小児科医や栄養士の方が出てきています。カロリー摂取管理一点張りの食育に疑問を投げかける専門家たちが増え、和食教育の必要性を訴える方々が急速に増えているのです。

幼児教育の現場で長年〝食育の思い違い〟を問い続け、活動を

してきた私にはとても喜ばしい現象で、この機会にぜひ、和食の良さを一人でも多くの人にわかってほしいと願っています。

この国の食の基本はカロリーではなく、日本の春夏秋冬がもたらした穀物・根菜・海藻・魚を中心とする低たんぱく・低脂質の体を温める食事の在り方、つまり私たちの体質に合った素晴らしい和食が主流のはずです。伝統和食が世界無形文化遺産に登録された今だからこそ、私たちはもう一度原点に立ち返り、知育・徳育・体育の基礎となる「食事」の重要性をみんなで考え、子育てに活かす必要があります。

幼児期から体を温める和食をしっかりと摂らせましょう

国を背負い未来を担う大切な子どもたちですので、**体の様々な機能を培う幼児期のうちにこそ、体を温める食事を心がけてあげる**ことがとても大切です。その優れものの食材が米や豆といった穀類であり、味噌・醤油・梅干し・納豆・漬物といった発酵食品なのです。私の愛読書『粗食のすすめ』の著者であります幕内秀夫先生も、子どもの食事は〝ご飯・味噌汁・漬物〟で十分だと仰っておられます。

食の欧米化だけではありません。促成栽培や物流が発達したことにより、一年中スイカやイチゴが食べられる時代です。本来、冬には体を温め、夏には体の熱をとりやすくする食材が、その土地その土地にあるのです。砂糖の原料でも、沖縄で育ったサトウキビと、北海道で育った甜菜とでは身体への働きが違います。ふたば幼稚園では、寒冷地で育った甜菜から作られる体を冷やしにくい甜菜糖を主に使用しています。

すべての学校が和食給食であるべきです

現代では、子どもも大人も冷え切った体になってしまっており、結果、様々な病気を引き起こし、うつ病の患者が激増するなど国民の健康状態は昔に比べてとても悪くなっています。そのため、この国の医療費は膨大な額を記録しています。ですから、体にやさしい和食給食と正しい食育を提供することは子どもたちの脳を安定させ、体温を上げ、自助回復の能力を高めます。さらにその親である大人の体力向上や健康力を促進させ、医療費削減にも大きく貢献するといった、いくつもの相乗効果を生み出す魔法の力を持っています。ぜひ、幼稚園・保育園、そして学校現場での給食を和食に切り替えてほしいものです。

分搗き米とたっぷりの麦を合わせた麦ご飯は、穀物と野菜を主とした食事が基盤の「穀菜人」である日本人にはふさわしい主食であり、こういった食事を日々心掛けるだけで、確実に体の異常や問題を解決へと向かわせます。自宅で精米機を使って好みの度合いの分搗き米にすれば、残った糠を糠床にも有効活用でき一石二鳥の食育となります。ぜひ、お試しください。

気力溢れる、頭の良い子にしたいなら、塾よりも「ご飯とお味噌汁」を

ご飯にはやっぱりお味噌汁が欠かせません。「大豆は畑の肉」「三里戻っても、味噌汁を飲め!」と昔の人は言いましたが、大豆には牛肉と同じくらい良質のたんぱく質がたくさん含まれています。「頭の良い子、気力溢れる元気な子を育てたいなら、〝ご飯とお味噌汁〟が一番ですよ」と、私はいつもお母さん方にお話しています。

元気の「気」の字の旧字は、「米」の「氣」です。また、「頭」の字は豆篇、つまり大豆や小豆といった豆類が脳にとってとても良い食べ物だということを表しています。ですから、ご飯と味噌汁の食事が子どもの心身の発達と健康に一番即した食事の在り方だということです。

日々の和食は、美容と健康と学力の味方です

豆類は体を温めてくれる優れた食材なので、子どもやスイーツが大好きな女性にとってのおやつは、バターや乳製品たっぷりの体を冷やすケーキ類より、あんこを中心とした和菓子が最適です。高いお金をかけて化粧品やサプリメントを買わなくとも、日々、ご飯と味噌汁中心の和食を心がければ大人にとっては美容にも健康にも良いし、子どもは頭の良い賢い知恵のある大人へと育ちます。

昔は今のように塾もなく、家庭教師などというのは特別な存在で、多

くの子どもは学校での学習だけで十分でした。学校から帰ると、日が暮れるまで友達と外で遊び、家に帰ると家の手伝いをし、家族そろって食卓を囲む、それこそが充実した日々というものでした。そして、学力も世界的に見てとても高く、若者たちは生き生きとした表情をし、生きる術や知恵も数多く持っていたのです。そんな活力ある賢い日本人が珍しくなかった時代の食生活は、この国の歴史や文化や風土が作り上げてきた四季折々の野菜と魚、海藻などが中心でした。海に囲まれたこの国の民族は、昔からたんぱく源として魚を食べ続けてきたのです。特に鯵《アジ》・鯖《サバ》・鰯《イワシ》といった青魚には、脳に良いDHA（ドコサヘキサエン酸）やEPA（エイコサペンタエン酸）が多く含まれ、昔は青魚が国民食として各家庭の食卓に毎日のように上がっていました。

味噌汁は文句のつけようのないスーパーフード

ふたば幼稚園では地元で水揚げされた新鮮な魚を数日おきに献立に加え、海の恵みに感謝しながらいただいています。鰯のつみれ汁などはDHAと味噌のたんぱく質、そして野菜の栄養がたっぷり含まれていて、子どもたちにとってはもちろんのこと、私たち大人にとってもとても美味で、栄養的にもバランスのとれた素晴らしい夢のおかずとなっています。たとえ、毎日魚を食べることができなくても、ご飯（分搗き米と麦）と具だくさんの味噌汁さえ食べていれば問題はありません。なぜなら、食材は茹でる過程で栄養分が水に溶けだしてしまいますが、味噌汁なら具材から溶けだした栄養分を余すことなくいただけるからです。

ふたばママクッキング

recipe 2　鰯のつみれ汁

材料（4～5人分）

鰯のすり身……………………200g
ごぼう……………………………50g
人参………………………………50g
大根………………………………30g
こんにゃく………………………⅓枚
白菜…………………………3～4枚
味噌……………………………適量
だし汁（いりこ、昆布）……5カップ
ゴマ油…………………………少量
刻みネギ………………………適宜

作り方

下準備★いりこと昆布を前日から水に浸して、だし汁を取っておく。

❶ごぼうはささがきにし、人参・大根・こんにゃく・白菜は一口大に切る。

❷少量のゴマ油をひき、ごぼう、人参、大根、こんにゃく、白菜の順にのせて蒸し煮にする。

❸野菜に火が通ったらだし汁を加え、沸騰したところに鰯のすり身を一口大の団子にして加える。

❹鰯団子に火が通ったら弱火にして味噌を溶き、お椀によそう際に刻みネギを入れる。

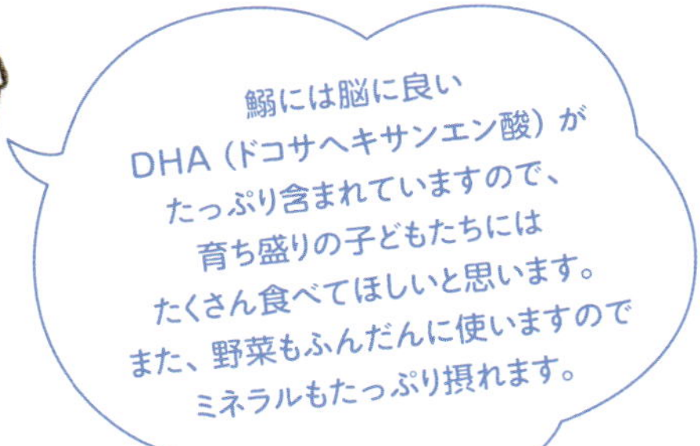
鰯には脳に良い
DHA（ドコサヘキサンエン酸）が
たっぷり含まれていますので、
育ち盛りの子どもたちには
たくさん食べてほしいと思います。
また、野菜もふんだんに使いますので
ミネラルもたっぷり摂れます。

ふたば幼稚園写真館

食べ物編

生き物の体が食べ物でできていることを知っているふたば幼稚園の子どもたちは、お食事も田畑仕事も感謝の気持ちを持って行います。

みんなで食べるとおいしいね

海苔も自分で巻くよ

給食前には〝給食 給食うれしいな〟と感謝の気持ちを歌います。

田植えも稲刈りも子どもたちは
楽しみながらお手伝いします。

みてみて、おもしろい形！

たくさんとれた！

生の玉ねぎも人参も
子どもたちは喜んで食べます

ふたば幼稚園の給食での飲み物はカフェインがほとんど含まれていない三年番茶。給食の食材はすべて私が責任をとれるものを基準に、無添加・無農薬のものを選んでいます。園の畑で年長さんが育てた野菜をはじめ、近隣の農家の方が育てた無農薬の新鮮な野菜や、地元産のミネラルたっぷりの美味しい海苔や海藻もたくさん使います。園の献立は「伝統和食」が中心ですから、穀物や根菜類、海藻、こんにゃく、乾物など、顎をしっかりと使うメニューが中心です。

栄養分がしっかり吸収されるように、よく噛んで食べましょう

「みんな、しっかりカミカミしてね。食べ物はカミカミして栄養になるのよ。噛まないで飲み込んでも栄養になりませんよ。お手ての先まで、頭の上まで、足の先まで栄養を届けるにはカミカミが大切ですよ。しっかり噛んで食べれば、強い体になります、かっこいい人になります」と、私はこめかみを示しながらいつも声かけをしています。すると、2歳児も3歳児もモリモリ食べます。一見、子どもたちには苦手だろうと思われている伝統和食のメニューであっても、ふたば幼稚園の子どもたちは、たくさんお替わりをします。それは大人が食べる量とあまり変わらないくらい。園では好きなだけ、おなかいっぱい食べさせています。

園で漬けている梅干しの梅酢は万能です

給食のメニューにしばしば登場するのが蒸し野菜の献立なのですが、その中で、「人参ドレッシングサラダ」というメニューがあります（P129参照）。その蒸し野菜のサラダにかける自家製のドレッシングは、人参のすり下ろしに玉ねぎのみじん切りを混ぜ、梅酢をかけて和えたものです。生の玉ねぎなんて辛くて子どもの口には合わない、と思ったら大間違い。みんな喜んで食べ、何度もお替わりをするくらいです。

人参も然りです。当園の根菜や野菜はすべて無農薬のものですので〝えぐみ〟がなくて香りも良く、すごく美味しいのです。さらに、梅酢をかけることで野菜に甘みが生じ、玉ねぎ特有の辛さも消えて、生でもとても食べやすくなるのです。玉ねぎには硫化アリルという脳の安定剤として機能する物質が含まれていますので、ご家庭でも様々なメニューに使っていただきたいと思っています。

園では梅酢をうがいに使っていますが、それは、梅の汁にたっぷり含まれているクエン酸がバイ菌を殺してくれるからです。インフルエンザが世の中に蔓延しても当園ではそれほど広がりませんし、和食中心の給食に取り組み始めて以来、インフルエンザによるクラスの閉鎖もありません。また、風邪をひいた子がいても治るのがとても早く、抜群の自助回復能力を発揮してくれています。

梅干しと味噌と糠床は〝天然の抗生物質〟といわれていますので、ぜひ、ご家庭での料理を工夫してみてください。

3時のおやつが
甘いお菓子である必要はありません

ふたば幼稚園の子どもたちは昼食を食べたあと、午後もたくさん遊びますから幼稚園から帰るとおなかがぺこぺこです。そこで、お母さん方には「**おやつは、おむすびとお茶**ですよ!」とお伝えしています。そして「甘い菓子パンやケーキ、ジュースは特別な時だけですよ!」と念押ししています。

〝おやつ〟というのは、お昼ご飯と夕ご飯の間の食事のこと。つまり、おやつは〝食事〟なのですから、内容は「おむすびとお茶」でいいのです。たまにはクッキーやビスケットを与えてもよいとは思いますが、飲み物だけは水かお茶にしてください。砂糖たっぷりのジュースは、お誕生日やお祭りなど特別の日だけにしていただきたいのです。

砂糖やスナック菓子の摂り過ぎが、食の悪循環を招きます

小さな子どもたちの体は一日に25～30gの砂糖しか燃焼できません。それなのに今の子どもたちは毎日、ジュースや甘いお菓子をふんだんに食べ、そのうえ油脂たっぷりのスナック菓子をつまんでおなかをいっぱいにしてしまい、育ち盛りの体を作るための大事な食事がおろそかになっています。今の子どもたちの間では、そんな〝食の悪循環〟が蔓延しているのです。

現代の食は毎日が〝お祭り食〟となっていて、日常的に肉や卵を摂取しています。実は、そのような贅沢食を続けてしまうと栄養過多により、ゆくゆくは病気を招くわけですが、それに気付いていないのが今の日本人です。**我々日本人の日々の食事は質素でよい**のです。そういった体に私たちはつくられているのですから。

ふたばママクッキング

recipe 3　人参ドレッシングサラダ

材料（4～5人分）

人参……………………………100g
キャベツ……………………………3枚
玉ねぎ……………………中玉¼コ
ゴマ油（白）またはオリーブオイル
……………………………大さじ1
梅酢……………………………大さじ1

作り方

❶人参の半量を細切りに、キャベツは角切りにし、サッと湯通しして器に盛りつける。（鍋に薄くゴマ油をひき、蒸し煮にしてもOK）
❷玉ねぎはみじん切りにし、梅酢を合わせたら20分ほどおいて、ゴマ油を混ぜる。
❸人参の残りをすりおろして❷と合わせ、ドレッシングを作る。❶にかけてでき上がり。

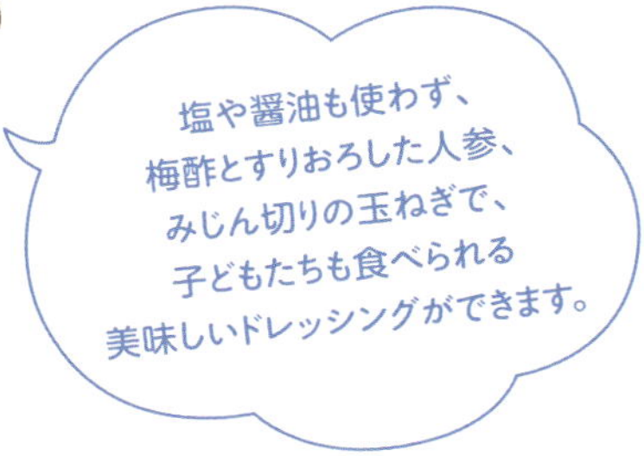
塩や醤油も使わず、
梅酢とすりおろした人参、
みじん切りの玉ねぎで、
子どもたちも食べられる
美味しいドレッシングができます。

お母さんの手作りのお弁当は子どもの心の栄養です

私は祖母、母、妹の4人家族の母子家庭で育ちました。母は一家を支えるために朝早くから一生懸命働いていたので、私が子どもの頃は、ほとんど母親と顔を合わせることがありませんでした。母親の顔を朝も晩も見ないので当然寂しいわけですが、幼稚園に行って昼食時にお弁当のふたを開けるのがとても楽しみでした。なぜならその時間はお弁当がお母さんとつながる唯一の接点だったからです。

毎日、麦ご飯に塩昆布と梅干しという代わり映えのしないお弁当でしたが、お母さんが詰めてくれたお弁当はとってもぬくもりのある特別なものに感じました。子どもながらに「これはお母さんが私のために詰めてくれたお弁当」と思いながらふたを開ける、その時の感情を私は今でも忘れません。

火曜と木曜は、お母さんの手作り弁当に笑顔があふれる日

ふたば幼稚園は月・水・金は給食ですが、火・木はお母さんの手作り弁当の日としています。それは、お弁当が〝お母さんの愛情の詰まった宝石箱〟だからです。私は子どもたちにその気持ちを味わってもらいたいと思っています。現に、そんな宝石箱のふたを開ける子どもたちのうれしそうな顔といったらありません。**お弁当自慢をする子ども同士**

の会話をお母さん方にも聞いてもらいたいくらいです。そんな子どもたちの誇らしい気持ちは、心の栄養となって彼らの脳と体にしっかりと吸収され、一生の宝物になります。手作りのお弁当といっても、おかずの多さではありません。だって、子どもたちはお母さんが握ってくれたおむすびだけでもうれしいのですから。

また、毎日を給食にしてしまうと、せっかく園外保育で外に出かけたとしても、お昼には必ず園まで戻らなくてはなりません。ところがお弁当の日があると、お天気の良い日にはそのお弁当を持って野原や磯（海）まで出かけて行って思いきり遊ぶことができます。時には園庭の木陰に座り、遠足気分で食べることもあります。実は外で食べるお弁当のほうが、いろんなお友達とたくさん関わることができて、とっても楽しい食事になりますし、ご飯が一層美味しく感じられます。もちろん教室で食べる時でも、ふたを開ける瞬間のみんなのワクワク顔に、こちらまでうれしくなりますが。

お弁当や給食の時間は、おなかと心が満たされる幸せな時間。みんな笑顔がキラキラです。

お母さん方が和食のおかずを詰めてくれています

園ではお弁当のおかずについて、あれこれ制限をかけているわけではありませんが、ご飯に大きな梅干しが添えられていたり、きんぴらごぼう、切り干し大根、ひじき煮、佃煮などが入っていたりと、和のお惣菜を使った和食弁当がとても多く見られます。お母さん方の努力が、子どもたちの心と体の栄養となっているのがわかります。家庭と園とが一緒になって取り組めるからこそ、真の食育となるのです。

ふたばママクッキング

●recipe 4● 野菜たっぷりしぐれ味噌

材料（4～5人分）

ごぼう	50g
玉ねぎ	中玉1コ
蓮根	40g
人参	30g
生姜	5g
麦味噌	120g
ゴマ油	少量
梅酢	少量
水	大さじ1～2

作り方

❶ごぼう以外の野菜をすべてみじん切りにする。

❷ごぼうはささがきにして少量のゴマ油で炒め、梅酢を振って蒸し煮にする。

❸ごぼうの甘い香りがしてきたら、玉ねぎ、蓮根、人参、味噌、生姜の順にのせ1時間ほど蒸し煮にする。

※焦げやすいので、鍋は厚手のものがお勧めです。

体を温める根菜を
ふんだんに使用した一品。食欲がない時や
病人食としても重宝するので、
作り置きメニューとしてもお勧めです。
（冷蔵庫で1カ月ほど保存可能）

9歳までは「食べる」「眠る」が最優先です

近頃は子どもが未就学児のうちから、お稽古ごとや学習塾的な幼児教室に熱心に通わせている親御さんも多いようですが、果たして子どもにそのようものが必要でしょうか。

親は、わが子が塾でお勉強をしていると思うと、安心感があったり満足感があったりと、そこで親としての役割や責任を果たしているかのような錯覚に陥りますが、それは親の自己満足である気がしてなりません。

塾でお勉強はしていても、子どもは塾が借りているビルの1階のコンビニエンスストアで添加物だらけのサンドイッチを買って食べたり、塾に通う途中のファストフード店で腹ごしらえをしていたり。そういう不健康な生活をさせながら塾に通わせても、それは無意味なことです。

通常であればもう寝ていなくてはいけない時間に帰宅するお子さんも多いようですが、子どもにとっての睡眠時間はご飯と同じくらい大切。学校で勉強したあとに塾でも勉強し、塾がない日はお稽古ごとがあり、思いっきり遊んだり、ゆっくり眠る時間もないほど一週間の予定が埋まっているお子さんもいます。本当にこんな生活を送らせてよいのでしょうか。**自由な時間がほとんどない現代の子どもたちの脳は疲れきっています**。とてもかわいそうで非常に心配です。

私は、**9歳くらいまでは5教科のような勉強よりも、お行儀良く人の**

話がきちんと聞けて、責任を持って行動や活動ができる集中力を養うことのほうが大事なのではないかと思っています。学習に向かうための姿勢ができてこそ、お稽古ごとや塾の成果もあろうというものです。

幼児期の教育費は、基礎食品の購入費にあてるべき

私はお母さん方に、「もし、お稽古ごとにかける経済的な余裕がありましたら、それを毎日食べる基礎食品の購入にあててください。そして、家族みんなで食卓を囲んで食事をしてください。そのほうがよほど学力向上のためには良いですよ」とお話しています。**米、味噌、醤油、塩、砂糖、この5つは多少値段が張っても無添加の高品質の本物を使ってほしい**のです。

さらに、わが子を頭の良い子に育てたいのなら、**食べ物はしっかりと噛む必要がある**ことを子どもに伝えてください。これは子どもの集中力を高めるために最も大事なことです。しっかり噛むということは、物を噛んでいる時にこめかみの部分がしっかり動くということ。**こめかみが動いて初めて前頭前野に刺激が伝わり、脳が活性化される**わけですから、硬い物を食べることが脳に良いのはそのためなのです。

現代では柔らかい食べ物ばかりが溢れていて、食事であってもたいして噛まずに食べることができますから、こめかみを動かす機会が少なくなりました。そんなことでは集中力も忍耐力もつかないのは当然です。

ご飯をはじめ、野菜の煮物や、骨ごと食べる小魚など、噛む力が必要な惣菜が多いのが伝統和食。そこからかけ離れた食事を子ども

に与えるような生活をしていては、いくら塾に通ったとしても無駄。お金をどぶに捨てているようなものです。まずは正しい食生活でしっかりと体をつくったあとで考えればよいことなのです。

食と生活習慣の乱れが、小1プロブレムを引き起こす

熱心に塾に通わせたりお稽古ごとを一生懸命やらせても、そのために生活習慣が乱れたりすれば、体の健康や精神に悪い影響を及ぼしますから、何の意味もなくなります。結果、少しの間もじっとしていられないような落ち着きのない子どもになり、集団行動がとれない、授業中に座っていられない、先生の話を聞かないなど、学校生活になじめない状態が続く〝小1プロブレム〟を起こしてしまっては本末転倒です。

また、このまま食の環境や生活習慣が乱れた世の中が続けば、親よりも子どもが先に逝く、逆仏も珍しくなくなると思います。そのくらい危険なことなのです。本物の人間教育とは一体どういうことなのかを一度ここで考えてみなくてはいけません。

家庭料理の力

私が子どもの頃は、季節に沿った食材が中心の質素な食事でした。それでも食卓に並べた家庭料理をみんなで囲みながら会話を楽しみ、ぬくもりに溢れていました。食事を通して家族が深くつながり合うので、常に心が満たされていました。日々、三度三度の家庭料理を口にすることで子どもの情緒は安定し、体温を上げ、病気を治りやすくしていました。

子どもの脳を育てる食事は親の脳も育てる

今、虐待やネグレクト（育児放棄）などが社会問題となっていますが、もしかしたら、現在子育てをしているお母さんたちも、小さい頃の食生活が、伝統和食からかけ離れたものとなっていて、その結果が今の親子関係に表れているのではないかと思うことがあります。なぜなら、そうしたお母さん方の脳も、それまでの食生活の影響を受けているわけですから、本来女性が持っているはずの〝母性本能〟の成長が不十分になってしまったということが考えられるのです。

私は食育活動を続ける中で、**虐待やネグレクトの原因に、親の日々の食生活が大きく関わっている**と強く感じています。お母さん方は、人間の身体というものが日々の食事でつくられていることを認識し、子どもの命と未来を預かっていることへの責任感をしっかり持たなくてはいけません。

食育は家庭での日々の食事の積み重ねです

先日、一流シェフが学校に赴き、昆布やいりこなどで取った〝だし〟の風味を子どもたちに試飲してもらうといった食育活動の様子がテレビのニュースで流れていましたが、それも何かをはき違えています。最近は特に「食育、食育」と声高に叫ばれていますが、食育を単一的に捉えても全く意味がなく、それよりも家庭での日々の食事や、学校での家庭科という科目を学ぶ中で、しっかり定着させることが最も大切なことではないかと思います。

食育というものは、ただ作って食べさせればよいというものではありません。子どもは母親と一緒に台所に立って母親の作業を手伝う。実はそれが食育の原点で、食の教育として最も大切な要素です。

小さな子どもたちは母親のことを尊敬のまなざしで見ていますから、お勉強をすることよりも「母親の真似」をすることが大好きです。おままごとだって、母親の真似から始まります。ですから、**子どもたちには「大好きなお母さんと一緒に台所に立つ」という経験をいっぱいさせてあげてください**。

また、今の子どもたちや若いお母さん方は食材の名称もあまりわかっていません。白菜とキャベツの区別もつかず、鰯や鯖の違いもわかりません。そんな状況の中で、どうして食育を語れましょうか。食育は毎日継続して行うからこそ意味を成すものですので、取って付けたような教育では意味がありません。

母親の愛情が詰まった食事から、人間力は芽生えていきます

母親が作ってくれる食事は子どもにとってはとてもうれしいもので、子ども自身が親の愛情を感じることができ、食べながら知らず知らずのうちに感謝の気持ちが芽生え、それが人間力となっていきます。お母さんがわが子のために支度するご飯とお味噌汁と漬物、そこに季節のお

かずがある。それが子どもにとっては最高に贅沢な食事なのです。そして、配膳や片づけのお手伝いをすることは、子どもが将来親になった時に大きな花を咲かせます。母性や父性が育つのです。

突然、学校に一流シェフがやってきて、特別な給食を1回作ったところで、それが食育になろうはずもなく、それは、ただ1回限りの「一流シェフがとっただしの味見体験」でしかありません。**だしの味は母親が作る味噌汁で知るべき**です。

ふたばママクッキング

●recipe 5● 根菜ごろごろカレー

材料（4〜5人分）

玉ねぎ	1コ
大根	300g
蓮根	300g
人参	50g
ごぼう	50g
厚揚げ	1枚
こんにゃく	1枚
だし汁（カツオだし）	6〜7カップ
ゴマ油	少量
塩	少々
カレールー	4〜5人分

作り方

❶野菜はすべて乱切りにする。
❷こんにゃくは手で一口大にちぎって茹で、厚揚げは油抜きをする。
❸野菜を少量のゴマ油で炒め、塩を振ってしばらく蒸す。
❹野菜の甘い香りがしてきたら、こんにゃく、だし汁を入れて煮込む。
❺野菜が柔らかく煮えたら、厚揚げをサイコロ状に切って加える。
❻カレールーを入れて混ぜ、とろみがついたらでき上がり。

※だし汁、カレールーはお好みで調整してください。

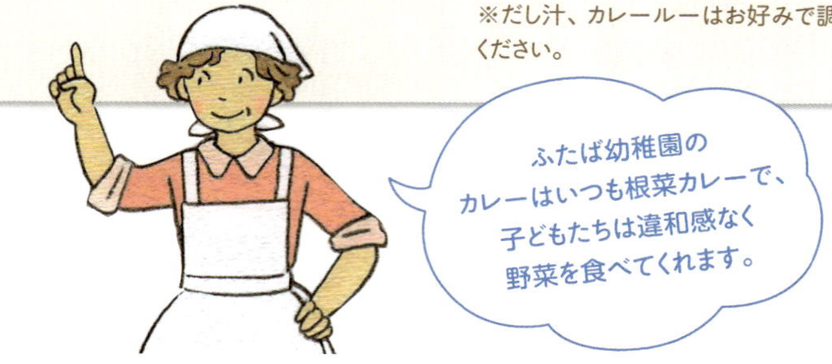
ふたば幼稚園の
カレーはいつも根菜カレーで、
子どもたちは違和感なく
野菜を食べてくれます。

幼稚園と家庭が協力して、6歳までに徹底した味覚教育をしています

3歳までに基本の生活と習慣の確立を、6歳までに善悪の判断を学ばせなくてはならないとこれまでに書きましたが、6歳までに徹底するべきもうひとつの教育が「味覚教育」です。ある調査では、小学生の約30%は、甘い・辛い・苦い・酸っぱい・塩辛い（しょっぱい）といった味の違いがわからなくなっているという結果が出ています。ファストフード、インスタント食品、レトルト食品、冷凍食品、ジャンクフードなど挙げればきりがありませんが、化学調味料や添加物だらけの食品に慣れてしまったことで、本来、人間が持っている味覚のセンサーが機能しなくなっているのです。

福岡女子大学と連携した食の教育に、お母さん方も積極的です

人間が朝・昼・晩と規則正しく1日3食を食べるとすると、年間1095食いただくことになりますが、幼稚園での食事は給食とお弁当を含め、年間200食程度にしかすぎません。あとの約900食は家庭で食べることになりますから、食育は家庭での指導がなければそれは十分とは言えません。そこで、園ではこの状況をお母さん方にもしっかりと認識していただき、食の教育に取り組んでもらう努力をしています。福岡女子大学に採点をお願いする形で食事調査を行ったり、料理教室『ふ

たばママクッキング』を開くなどして、家庭でも手作りの伝統和食を基本とした食事を作ってもらうようにお願いをしています。梅干し漬けや、糠漬け、味噌作りなどの講習会も好評で、お母さん方は家庭でもしっかりと取り組んでおられます。

天然のだしの味を6歳までにインプットすることが基本

子どもはカレーライス、スパゲッティ、ハンバーグ、ピザが好きで和食を好まないなどというのは、大人側が勝手に思い込んでいるだけのこと。実際は決してそんなことはありません。だしをきちんと取り、野菜や乾物を丁寧に煮て、**食材の旨みが引き立つ伝統和食の美味しさを教えてあげれば、子どもたちは喜んでたくさん食べます**。子どもたちの正常な味覚の回復と健康を保つために、天然のだしの味を6歳までにインプットしてあげることが食育の基本中の基本です。

家庭での食生活がいかに大事かということを、子育て中の母親が真剣に考えて日々の食事作りに取り組んでいるか否かで、日本の未来が大きく違ってきます。そのことに国は早く気付かなくてはなりません。**食育こそが大切な国づくりの基礎となること**を理解し、もっともっと母親の役目とその努力に敬意を表すべきです。働く女性だけが取り沙汰され、家庭を守り母親の役目をしっかり果たしている女性の素晴らしい力があまりにも軽視されている。これではこの国の未来に希望はないのではないかと日々危惧しています。

子どもたちが収穫して干したたくあんが、ご両親への卒園記念品

入園して間もない頃は食の好き嫌いが目立つ子も多くいます。嫌いなおかずをそばに置いただけで、「いらない」とそっぽを向いたりする子もいます。ところが、園での生活を重ねるうちに、これがだんだんと変わってきます。周りのみんなが自分の嫌いなおかずを食べているのを見て、「一緒に食べてみようかな」という気になるようです。それが集団教育の力。家庭ではどうしてもわがままが利きますから、嫌いなものは食べなくて済みます。無理して食べなくても、おなかがすいたら家のそこらじゅうに食べ物が置いてあるのですから。クッキー、スナック菓子、菓子パン、そんなものを好きな時に好きなだけ食べるわけです。

自分たちで育て、収穫することで、好き嫌いをせず大切に食べることを学びます。

ところが、園では朝登園してきたら昼食まで何も食べられない。そのうえ外遊びなどの活動でたくさん体を動かすので、とてもおなかがすきます。だから自然と選り好みせず、きれいに平らげるようになるのです。

土と野菜と人間の命の関わりを学んでいます

ふたば幼稚園では、**畑で野菜を育てたり田植えをしたりと、自分たちが暮らす環境の中で食べ物も共に育っていることを学んでいます**。給食室から出される野菜の皮などの生ごみも子どもたちが回収し、密閉容器に移して堆肥作りをします。できた堆肥を土に帰して野菜の栽培に活用し、育った野菜は収穫してまた給食でいただきます。美味しい野菜が育つことを子どもたちは体験として学んでいき、土と野菜と自分たちの命がつながっていることに気付きます。

280本の大根を美味しくいただいて自然に感謝

春に田植えをしたもち米を秋には自分たちで刈りとり、収穫しておはぎ作りをしたり、冬には大きく育った大根を園のテラスに吊るして干して、みんなでたくあん漬けもします。前回は280本の大根を収穫しました。収穫した大根は味噌汁の具になったり、給食室で糠漬けにしてもらうなど、給食のメニューとして登場します。陰干しした大根は毎年2月に年長児たちでたくあん漬けにし、3月、美味しく漬かったたくあんを、子どもたちから保護者に卒園記念品として贈ります。こうして食と関わりを持つことで、子どもたちは食べ物と共に、自然というものに生かされていることに気付いていくのです。

現代は食べ物が周りに溢れ過ぎていることが問題になっています。福岡女子大学の白石淳准教授はこう仰いました。「日本人は飢餓に強いが、飽食に弱い」と。飽食が日本をダメにしていることから目を背けずに、食との関わりをいろいろな角度から学び、食習慣の改善へとつなげていきましょう。

いろいろな野菜を育てながら、季節を感じ、自然の偉大さを知ります。

朝ご飯を伝統和食に変えれば子どもの心も体もぐんぐん育つ

トースト、牛乳、ドレッシングやマヨネーズのかかった生野菜、トマトケチャップたっぷりの目玉焼きにウインナー。そんな朝ご飯を急いでかき込んで家を飛び出すような家庭も少なくないと思いますが、寝坊した日には子どもに菓子パンをかじらせるのが精一杯という方もいらっしゃるのではないでしょうか。

ふたば幼稚園では平成12年度から、ご飯、お味噌汁、漬物を中心とした伝統和食の朝ご飯を、毎日しっかり食べてから登園させるように保護者へ呼びかけています。この取り組みを始めてから、次のような効果が表れました。

効果1．園での子どもの生活が生き生きとしたものになり、遊びや活動が活発になった

効果2．子どもの表情が明るくなり、病欠の子が激減した

効果3．子どもの集中力が増し、我慢強くなった

効果4．相手の目を見て話が聞けるようになった

効果5．虫歯が減り、肥満の子どもがいなくなった

効果6．親子のコミュニケーションの機会が増え、家族の健康状態も良くなった

私たち以上に、親御さん方がその成果に驚き、喜ばれています。

楽だからといってパン食のままでは何も変わりません

年少クラスに通うAちゃんの家庭では、毎朝、身支度を済ませたAちゃんがおひつのご飯を家族4人分茶碗によそい、ふたば幼稚園の卒園生でもある小学生のお姉さんがお味噌汁の配膳を担当するようになるなど、生活リズムや家族間の関わりにも良い影響が出ています。

支度をするお母さんは、パン食に比べて手間や時間がかかると思います。それでもお子さんが伝統和食の朝食をたくさん食べて元気いっぱいに1日をスタートさせられるということは、何事にも前向きに取り組む心と体がつくられることにつながるのですから〝やりがいのあることだ〟という思いで日々続けていらっしゃいます。朝・昼・晩の3食のうち、まずは朝ご飯を伝統和食にすることから始めてほしいと思います。

recipe 6　蓮根ボールのうま煮

ふたばママクッキング

材料（4～5人分）

蓮根……300g
玉ねぎ……1コ
地粉（中力粉）……150g
塩……少々
揚げ油（菜種サラダ油）……適量

煮だれ
水……1カップ
昆布……10㎝角
酒……小さじ1
甜菜糖……大さじ2～3
醤油……100cc

作り方

❶蓮根は皮ごとすりおろし、玉ねぎはみじん切りにする。

❷❶と中力粉と塩をよく混ぜ、一口大の団子に丸めて油で揚げる。

❸鍋に水と昆布を入れて弱火にかけ、だしが出たら昆布を取り出して細切りにする。

❹煮だれの調味料、細切りにした昆布を❸の鍋に加えて沸騰させ、揚げた蓮根ボールを入れて煮含める。

牛乳や乳製品に頼らないカルシウム摂取を

赤ちゃんをおなかに宿すと、産婦人科では「お母さん、牛乳飲んでいますか？　チーズ摂っていますか？」と言われるものですが、私は両方とも嫌いなので全く摂りませんでした。牛乳なんて一滴も飲みませんが、骨密度の高さでは今もって教職員の中で私がダントツ1位です。

「牛乳」を飲まなくても骨は強くなります

ある日、園の子どもたちと一緒に行った磯遊びで思わず足を滑らせてしまい、大きな岩の上に思いっきり尻もちをついてしまいました。激痛に顔がゆがみ、今回ばかりは尾てい骨がぐちゃぐちゃになってしまったのではないかという不安が頭をかすめました。救急車を呼んでもらわなくてはと思うくらいひどい尻もちでしたが、笑顔いっぱいで遊びに没頭している子どもたちの様子を横目で見ながら、痛い腰を恐る恐る持ち上げ、その場でゆっくり歩いてみました。痛みはかなりありましたが足を踏み出せば歩けるし、その後も何とか子どもたちと園に戻るまで、磯で一緒に過ごすことができました。痛みも日一日と治まり、1週間ほどでシャキッとしてもとの生活に戻ることができました。牛乳を全くと言っていいほど口にしない私ですが、今回の尻もちは、自分でも〝骨が強いなぁ〜〟と再確認できた出来事でした。

カルシウム不足は伝統和食離れが原因です

そもそも日本人は乳製品を摂取するような民族ではありませんでした。海に囲まれ、ご飯とお味噌汁で生き延びてきた民族ですから、カルシウム成分の多い青菜や大豆食品、貝類、小魚、小海老、ひじき、乾物などを上手に食べることで、効率良くカルシウムを摂取してきたのです。ところが、乳製品を摂取する欧米の食文化が入ってきたことで、日本人はカロリーと脂質の高い牛乳や乳製品を急激に摂るようになりました。それでも、今の子どもたちは転ぶとすぐに骨折したりひびが入ったりで、昔と比べ、骨はとてももろくなっていると感じています。

ふたばママ
クッキング

recipe 7　かぼちゃの蒸しパン

材料（小16個）

かぼちゃ	小～中玉¼コ
小麦粉	250g
甜菜糖	150g
卵	1コ
水	75cc
重曹	小さじ¼

作り方

❶ボウルに甜菜糖と卵を入れてよく混ぜる。水を加えてさらに混ぜたら、甜菜糖が溶けるまで少し置く。

❷❶のボウルに、ふるいにかけた小麦粉、その上に重曹を入れて木べらでさっくり混ぜる。（粉がところどころ残っている程度でOK）

❸かぼちゃをサイコロ状に切り、❷に混ぜ込む。（ここでも混ぜすぎないこと!）

❹薄板（クッキングシート等）にスプーンですくってのせ、しっかりと沸騰した蒸し器に入れて10分ほど蒸す。

牛乳ありきの学校給食と、産前産後指導を見直すべき

小中学校の献立には、料理との相性なども考えずに必ず牛乳が組み込まれています。しかし、ご飯が主食となる給食の日にはお茶を出してほしいものです。私たちは元来、乳製品を摂取する民族ではないのです。牛乳を飲んで便秘をしたり、おなかがグルグルと鳴ったりするのは、牛乳が体質に合っていないということですから、摂り過ぎに注意しながら程々の量に抑える必要があります。

日本人の腸は、牛乳からのカルシウムを吸収するためのラクターゼ酵素というものを持っていないといわれています。赤ちゃんはお母さんからおっぱいをもらいますので、腸内にラクターゼ酵素を持っているそうですが、離乳食が始まる頃から次第に減っていくそうです。また、妊娠後、産婦人科の先生から「牛乳を飲んでください」と指導され、言われるがままに一生懸命飲んだ妊婦さんの赤ちゃんには、へその緒を通して乳製品の成分が送られるわけですから、それが影響を及ぼし、アレルギー疾患を発症してしまうことがあると論ずる小児科医の方もおられます。

当然、乳児期も粉ミルクより母乳で育てるほうが望ましいわけですから、赤ちゃんのおなかのすくペースに合わせて母乳をあげられるよう、満１歳までは家庭保育に専念されること、伝統和食を中心とした食生活で健康な母体の維持に努められることを、乳幼児保育の現場にいる私も切に願っています。

ふたばママクッキング

●recipe 8● 旬の野菜スープ 梅風味

材料（4～5人分）

オクラ……………2本
さやいんげん……4本
人参……………40g
玉ねぎ……… 中玉½コ
えのき茸…………1袋
梅干し……………2コ
だし汁（いりこ、昆布）
……………4カップ
薄口醤油……小さじ2
塩………………適宜

作り方

下準備★いりこと昆布を前日から水に浸して、だし汁を取っておく。

❶オクラは塩で揉んで表面のうぶ毛を取り、輪切りにする。

❷さやいんげん（斜め切り）、人参（せん切り）、玉ねぎ（薄切り）、えのき茸（2㎝）を切って鍋に入れる。

❸梅干しの種を取り除き、細かくたたいたら、❷の野菜の上にのせて弱火で蒸し煮にする。

❹野菜の甘い香りがしてきたら、だし汁と薄口醤油を入れる。必要であれば塩で味を整える。

❺オクラを散らして、ひと煮立ちしたらでき上がり。

ご飯とお味噌汁の給食には、やはり牛乳ではなくお茶が合います。

梅干し漬けを習得しようと、講習会（ふたばママクッキング）ではお母さん方も真剣です。

ご家庭でも一緒に食育を考え、実践していただくために、
園での方針や活動を食育だよりでお伝えしています。

食育だより No.1

ふたばっ子もりもり通信 / H 28.4.8

入園、進級おめでとうございます。

今日からこどもたちのふたば幼稚園での新しい生活がはじまりますね。
初めての経験、楽しい事、わくわくする事をたくさんキャッチして心豊かに成長できるよう願っています。
給食室からは毎月、この「食育だより」を発信し、園での取り組みなどを紹介していきたいと思います。
保護者のみなさまにもご協力いただき、心身を養う「食」を通して、日々の食事の大切さを考えながら、こどもたちの健やかな成長を、家庭と園とで共に支えていけたらと思います。
どうぞよろしくお願いいたします。

ふたば幼稚園の給食は伝統和食を中心に献立しています。

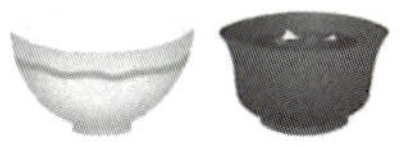

昔からこの土地で食され、私たちのいのちをつないできた食事が伝統和食です。給食では体や環境に負担をかけない無農薬の旬の野菜、無添加の調味料を使用し、「身土不二」「一物全体」の考えを基に、やさしく、たくましい心身を育みたいと考えています。
「身土不二」（生まれた土地と体は一つです。その土地の気候風土に適応した作物を食べる事で心身のバランスを保つ事ができます。）
「一物全体」（一つのものを丸ごと食べましょう。生命あるものはすべて全体で調和がとれています。）

ふたば幼稚園の食育活動の紹介

朝ごはん運動

ふたば幼稚園では、ごはんとお味噌汁を食べて登園する朝ごはん運動にご協力いただいています。
こどもたちが一日を元気に活動できるように、しっかりと朝ごはんを食べて登園しましょう。

食育講話・梅干し味噌づくり講習

園長先生の食育のお話や、外部の先生方のご指導による梅干し、味噌づくりを学びます。

ふたばママクッキング（年3回）

給食は伝統和食を中心とした献立やマクロビオティックの調理法をとり入れています。お母様方に参加していただき、園での食の取り組みを体感していただきたいと思います。

野菜の栽培・田植え・稲刈り体験

野菜やお米の成長を観察し育てます。自分たちで育て収穫した野菜が給食で登場すると喜んで食べてくれます。

縦割クラスによるクッキング体験

年齢の違うこどもたちが共同作業を通して、料理する事の楽しさを学び合い、協力して料理します。
（カレーライス・味噌汁・おはぎなど）

食事調査

ご家庭の献立の提出にご協力いただいています。家庭と園の食育の連携を目指します。

ふたば幼稚園の給食では、こどもたちが初めて出会う味や香りの食材、料理もあると思いますが、
無理なく美味しく食べられる献立で始めていきたいと思いますので、どうぞご安心ください。

食育だより No.9

ふたばっ子もりもり通信／H27.12.22

あっという間に時は過ぎ、今年も残りわずかとなりました。
今年は少し暖かい冬になりそうですが、これからインフルエンザの流行が心配な時期です。

「早寝・早起き・朝ごはん（ごはん・みそ汁）」はもちろん、
「手洗い・うがい・こまめな換気」
「室内湿度を60％に保つ」ことも予防に効果的です。
まもなく冬休み。クリスマスにお正月と子供たちはわくわく!! この時期はご家族も含めて生活のリズムが乱れがちですね。暴飲暴食に気をつけて、ご家族皆様で良いお年をおむかえ下さい。

おそばで年越し!!

日本ならではの風景です

年越しそばの由来は諸説ありますが、
そばは他の麺類と比べて切れやすいことから「今年一年の厄を断ち切る」という意味で、江戸時代から大晦日の夜に食べる風習が生まれたとされています。
また、細く長いそばで「長寿を願う」という意味もあるそうです。
今年最後の食卓は家族みんなで一年間の無事を感謝し、そこに言葉をそえておそばを頂くのもいいですね。

先週12/8(金)年輪クラブクリスマス交流会が行われました。

星ぐみさんは、地域のおじいちゃん、おばあちゃん（年輪クラブの方々）の顔がみえると
「こっちですよー！」と元気にお出迎え。
花ぐみさん、月ぐみさんはミュージカル、お遊戯や歌を披露し、とても喜んで下さいました。
その後月ぐみさんは年輪クラブの方々と一緒に給食を食べましたが、何回もおかわりしたり、残さずきれいに食べるのを見て驚かれていました。
普段から園やご家庭で心がけている事がしっかり身についているようです。
最後は月ぐみさん全員で握手をしながら「ありがとうございました」「また来て下さい！」と大きな声でお見送り。
年輪クラブの方々も「楽しかったです」と言って下さり、とても有意義な時間を過ごすことができました。

食育だより No.10

ふたばっ子もりもり通信 / H28. 1. 29

あっという間に1月も終わり、インフルエンザが気になる時期になりました。
園では、梅酢を使ったうがいを外からもどったら必ず行っています。
梅酢は飲みこんでも安全で梅(酢)には殺菌作用があります。
風邪は予防が第一です。
この冬を元気に乗りきることができるよう、日々の食事と手洗いうがい、十分な睡眠をこころがけていきましょう。
ご家族が心身共に健康に過ごせるよう、楽しみながら食(育)に取り組んでいけると良いですね。

月ぐみさん 1/22 たくあん漬がありました！

収穫した大根を干して、昆布・塩・唐辛子・ザラメ・柿の皮・みかんの皮をまぜた米ぬかで本漬けしました。

現在水があがっていてとても良い香りがしています。月ぐみさんは登園すると「おはよう！」とたくあんたちに声をかけ様子を観察しています。
3週間ほどで出来上がる予定です。月ぐみさんが卒園記念に持ち帰り、花・星ぐみさんは給食でいただきます！

2/9(火)ママクッキング

- 大豆グルテンの唐揚げ
- キャベツの人参ドレッシングサラダ
- ひえと野菜のスープ
- しぐれ味噌

養生食。
根菜と味噌の力で体の自然治癒力を高めます。
この機会に作ってみませんか？

鬼は外！福は内！

2月3日は節分です。
節分は冬から春への季節の分かれ目。前年の邪気を払い新しい年を迎え、春を呼ぶ行事と言われます。
豆をまいたり食べることで鬼を退治してその年を健康に過ごせるように願います。
豆は生の豆ではなく炒り豆を使います。生の豆を使って拾い忘れたものから芽が出てしまうと縁起が悪いとされているからです。
「豆を炒る＝魔目を射る」魔滅となるのです。
この日は幼稚園でも子どもたちと豆まきをして邪気を払い福を呼び込みたいと思います。

お子さんの姿勢はどうですか？

- ひじをついている
- 背中が丸まっている
- 背もたれに寄りかかって おなかとテーブルが離れすぎている

食事中の姿勢が悪いと消化にもよくありません。
今のうちに正しい姿勢になるようにお家でも声かけして下さい。

幼児期の習慣は一生ものです。
朝ごはんの習慣や正しい食事のマナー、今のうちに身につけたいですね。

ふたば幼稚園食事調査

年に数回、決められた1週間の3食+おやつについて、献立と材料（調味料含む）を書き出し、
写真と共に提出していただきます。この資料をもとに福岡女子大学給食経営管理学研究室が採点をしてくださいます。

曜日		献立名	使用した食材
10月27日	朝食	ご飯	白米
		みそ汁	玉ねぎ・わかめ・ねぎ・いりこ・米麦みそ
		いんげん豆のソテー	いんげん豆・オリーブ油・塩・こしょう
		納豆	納豆・梅干
		ぬか床	人参・大根
	間食	なし	荒尾なし 1/4
（月）	夕食	ご飯	白米
		みそ汁	あつあげ・玉ねぎ・さつまいも・わかめ・いりこ・米麦みそ
写真		酒蒸し	鯛・山東菜・もやし・酒・塩・ねぎ
有・無（有に○）		肉じゃが	牛肉・じゃが芋・人参・たまねぎ・オリーブ油・酒・みりん・しょう油・てんさい糖
		納豆	納豆・うめ干

曜日		献立名	使用した食材
10月28日	朝食	ご飯	、
		みそ汁	豆腐・あげ・わかめ・いりこ・米麦みそ
		焼魚	ししゃも
		納豆	納豆・梅干
	間食	みかん	みかん2個
（火）	夕食	ご飯	白米
		ポトフ	じゃが芋・人参・玉ねぎ・かぶ・キャベツ・ベーコン・塩・酒・コンソメ
写真		だいこん葉ふりかけ風	だいこん葉・酒・みりん・しょう油・てんさい糖・じゃこ・かつお節
有・無（無に○）			

曜日		献立名	使用した食材
10月29日	朝食	ご飯	白米
		みそ汁	玉ねぎ・しいたけ・ねぎ・いりこ・米・麦みそ
		こんぶ煮物	こんぶ・かつお節・酒・みりん・しょう油・てんさい糖
		納豆	納豆・梅干
		ぬか床・だいこん葉ふりかけ風	きゅうり・人参・大根・だいこん葉・酒・みりん・しょう油・てんさい糖・じゃこ・かつお節
	間食		
（水）	夕食	ご飯	白米
		みそ汁	豚肉（もも）・大根・人参・さと芋・ごぼう・山東菜・いりこ・米麦みそ
写真		焼魚	かわはぎ・塩
有・無		芋の天ぷら	さつまいも・小麦粉・かたくり粉・塩・オリーブ油
		納豆	納豆・梅干

曜日		献立名	使用した食材
10月30日	朝食	ご飯	白米
		みそ汁	大根・玉ねぎ・いりこ・米・麦みそ
		だいこん葉ふりかけ風	だいこん葉・じゃこ・かつお節・酒・みりん・しょう油・てんさい糖
		納豆	納豆・梅干
	間食	みかん	みかん 2個
（木）	夕食	ご飯	白米
		みそ汁	
写真		焼魚	さんま・塩
有・無		小松菜いそべあえ	小松菜・焼のり・しょう油
		もろみ納豆	納豆・~~もろ~~ 麦麹・しょう油・酒・みりん

食事調査写真

［ 写真添付用紙 ］

月組　　番　　お名前

✿はじめにお読み下さい✿

平成26年10月27日（月）、10月29日（水）、10月31日（金）の３日間について、下記の注意に従ってお子様が食べたものすべてを撮影し、添付用紙に写真を貼付けてください。

※お子様１人分の量を盛り付けたものを撮影してください。

※できる限り指定した日の食事を撮影してください。
指定した日に写真を撮ることができなかった場合は、別の日に撮影し、右の写真の〔例〕のように日付と曜日を書き換えてください。

※写真撮影の際には、〔例〕の写真のように食事を真上から撮影してください。

10月28日　火

〔例〕~~10月27日~~　~~月~~曜日　朝食

10月27日　月曜日　朝食

10月27日　月曜日　間食

10月27日　月曜日　夕食

福岡女子大学給食経営管理学研究室からの採点表

おなまえ

★ 採 点 基 準 ★

◇ **食事は主食・主菜・副菜がそろっていること**
◇ **一日で野菜が 6 種類以上あること**
◇ **おやつは油の多い菓子類が過剰にならないこと**
◇ **揚げ物料理は週 3 回未満であること**
◇ **牛乳・乳製品が一日 200 ml 未満であること**

今回はお忙しい中、調査にご協力いただきありがとうございました。
お子様の一週間の食事（16 食）の採点結果を報告いたします。
毎食、主食・主菜・副菜のある栄養バランスのとれた食事にし、油脂、牛乳・乳製品の摂り過ぎがないことを目標とし、右の採点基準により評価しました。

✿一週間の食事を振り返ってみましょう

	月曜日	火曜日	水曜日	木曜日	金曜日	土曜日	日曜日
朝食	ご飯 味噌汁 インゲン豆のソテー 納豆・ぬか漬け	ご飯 味噌汁 焼き魚 納豆	ご飯 味噌汁 こんぶ煮物 納豆・」ぬか漬け だいこん葉ふりかけ	ご飯 味噌汁 だいこん葉ふりかけ風 納豆	ご飯 味噌汁 焼き魚 納豆 ぬか漬け	ご飯 味噌汁 目玉焼き もろみ納豆	ご飯 味噌汁 ウインナー もろみ納豆
昼食						具うどん	カレーライス
間食	梨 1/4個	みかん 2個		みかん	ぜんざい	アイスクリーム	りんご
夕食	ご飯 味噌汁 酒蒸し 肉じゃが 納豆	ご飯 ポトフ だいこん葉ふりかけ風	ご飯 味噌汁 焼き魚 芋の天ぷら 納豆	ご飯 味噌汁 焼き魚 小松菜の磯部和え もろみ納豆	ご飯 味噌汁・納豆 いんげん豆の肉巻 厚揚げと小松菜の煮物 生野菜・梅味噌	カレーライス ポテトサラダ	ご飯 野菜スープ からあげ 生野菜・梅味噌

総合点数

97 点

主食、主菜、副菜のバランスが非常に良いです。
油脂の量に気をつけながら、これからも様々な食材を使ってバランスの良い食事を続けていってほしいと思います。

福岡女子大学　給食経営管理学研究室

年少児・年中児・年長児の全員が
協力しながら料理をすることの楽しさを学び合う
〝縦割りクッキング〟

ふたば幼稚園では食農教育の一環として、児童全員が3つの縦割りクラスに分かれて、野菜カレーや、味噌汁とおむすび、手打ちうどん、団子、おはぎ作りなどに挑戦する〝縦割りクッキング〟を年3回行っています。年少さんは、お兄さん・お姉さんを見習って、年長さんは周りをサポートしながら、〝食事作り〟を通して成長していきます。

第5章

わが子の育ちが気になるお母さんへ

ボーダーラインにいる子を悪化させずに治す

私は、ふたば幼稚園で子どもとかかわって35年余りになりますが、子どもが障がいを持っているかどうかは昔ならすぐに気付いたものでした。しかし、今はボーダーラインにいる子が非常に多く、本当にわかりにくくなっています。ですが、その子どもたちをよくよく観察していくと家庭生活に問題があることが見てとれます。

『発達障害の子どもたち』の著者で日本発達障害学会理事の杉山登志郎先生も「遺伝と環境の関係」として、発達障害も糖尿病などの慢性疾患と同じで「生活習慣が変化すれば患者数は増えたり減ったりすることは十分に起こり得る。同じように発達障害の大多数は、生物学的な素因を強く持っていることは明らかであるが、引き金となる環境状況によって増えるということは十分に起こり得る」とおっしゃっています。

育てづらさの原因が、本当に家庭生活の問題だけなのか、それとも発達障害とつながる遺伝子を持っていたうえでのことなのか。最終的には検査をしなくてはわかりませんので、指導が難しいボーダーラインにいるお子さんの場合には、「少し心配なので専門家に診てもらってはどうでしょうか」と親御さんにアプローチをします。

私たちとしても、「広汎性発達障害」であるとか「自閉症」であるなどと、診断がついていたほうが適切な指導ができます。そして、子どもの障がいを認めていないお母さんよりは、認めておいでになる方のほうが私たちの話もよく聞いていただけて協力的ですので、親御さんへのアドバイスもしやすいのです。

必要に応じて専門機関との連携をとります

以前、明らかにこの子は広汎性発達障害だと感じられる幼児のお母さんに検査を勧めました。すると、お父さんが「うちの子に障がいがあるわけがない!」と怒り出したのです。でも、「詳細がわかったほうが私たちも、もっともっと正しい指導ができますし、本人の成長にとっても良いことなのです。診断がついたからといって人生に傷がつくわけではないんです。**早く対応すれば、小学校に上がる前にはある程度改善できるんです**」と説明をすると、お父さんは落ち着かれました。

また、以前、やはり年長さんに上がろうという時期のお子さんで、少し心配な子がいましたので、ご両親にお伝えして療育センターに相談に行ってもらったところ、経過を追って様子を見ていきましょうということで月に1回定期的に通われるようになりました。そういう専門機関と連携を持ちながら進むことが理想なのです。まずは、子どものことを考えて検査を受けてみましょう。

後天性やボーダーラインの子を野放しにしてはいけません

ここ20年くらいで、ぐんと増えてきた子どもの病気として発達障害が挙げられます。2016年の調査で、全国の公立小中学校において、発達障害により「通級指導」を受けている児童・生徒が9万人を超えていることがわかりました。最近はかなり知られるようになりましたが、それでもまだまだ自分の子どもの問題として受け入れられる親御さんは少ないのが現実です。

発達障害には、先天的なものだけでなく後天的に症状が出たと思われるお子さんがいますが、どちらにせよボーダーラインにいる子は今とても多いと感じます。しかし、自分の子がボーダーラインにいることを親御さんが気付いていないため、その多くが何も対策を打つことなく野放し状態になってしまっています。

手遅れにならないために検査を受けてください

なぜ、私が積極的に検査を勧めるのかというと、園に来る子どもたちがまだ成長の臨界期にいるからです。

先天性が強い場合は仕方ないとしても、その**症状が環境によって後天的に出たものであれば、臨界期の育て方によって症状はかなり改善していきます**。後天的な障がいの場合には、叱るべきところでは叱ってもよいし、しっかりとしつけていけばその子の行動は落ち着いてきます。けれどもこれが先天的な障がいであった場合には、絶対に叱ってはいけません。対応の仕方が真逆なのです。

ボーダーラインにいる子はしっかりとしつければきちんと育つのに、親がそれを認めず、「大きくなれば自然に治るわ」と言って危機感を持たないでいるから、取り返しがつかないことになってしまうのです。

「うちの子、ちょっと育てにくいな」と感じたら、ボーダーラインの子かもしれないと考えて、まずは検査を受けてください。子どもが6歳になるまでの臨界期であれば、先天的な障がいなのか、それとも後天的なものなのかをきちんと把握することで、手遅れになるのを防げますから。

専門機関と幼稚園と保護者。その三者の連携が大切です

現在、専門医のあいだでは〝自閉症スペクトラム〟とひとまとめにして診断することもあるようですが、一般的には未だに、発達障害、自閉症、ADHD、アスペルガーなどと症状ごとに区別されています。しかし、その中にもたくさんの種類があり、それらがグラデーションのように複数重なるケースや、成長と共に症状が変化していく場合もあって、専門家でさえ短期間で判定することは難しい場合もあるそうです。ですから、子どもの様子を毎日見て、子どもの要求を肌で感じることができる私たちでもアプローチが難しいこともあります。

私たちは日々勉強と経験を積み重ねて、専門機関の方々と親御さんとで、連携をとって子どもたちを育てていくしかないと思っています。

障がいが後天性の場合は家庭生活に問題があることも

後天的に障がい（問題行動を起こす）の症状が出たお子さんのご家庭のすべてとは申しませんが、私が接してきた範囲で申し上げるなら、やはり家庭生活に問題がある場合が多いと言っても過言ではないでしょう。

数年前に年長さんだった女の子のご両親は、最初はその子がボーダーラインにいることを認めませんでした。しかし、その子は翌年には小学校に上がるわけですから、小学校との連携を持ったほうがいいと考え、私は検査を勧めたのですが、「うちは違います」の一点張り。

その女の子にはいつも表情がありませんでした。常時脱力状態で座ることもきちんとできず、「足はペタン、背中はピン、手はおひざ」といくら教えても、どうしてもそれができないのです。立っている時も、ふらーっ、ふらーっという状態。遊びの時もデレデレしていて、同い年の子どもたちの遊びについていけない。だからどうしても小さな子と遊んでしまう。情緒的に問題がありそうだなと感じられるお子さんでした。

その子の場合、二つ年上のお兄ちゃんが「広汎性発達障害」で定期的に療育センターに通っていましたので、その影響も大きいだろうと思って療育センターでの受診を勧めてみました。ですが、ご両親にはどうしても受け入れていただけませんでしたので、「それなら専門家の方を幼稚園に呼んで観察していただくのはいかがでしょうか」とお尋ねしましたところ、お母様が「それなら……」と仰り、受け入れられました。さっそく専門家の方に来ていただき、その子の園での一日の様子をご覧いただきました。すると答えはやはり「発達に少々問題があります」とのとでした。その時すでに、年長クラスの12月。就学前ですから、専門家の方は「発達教育センターに相談されたほうがよいと思います」と、小学校への導入をとても心配してくださいました。そこで、ご両親にも私から言葉を選びながらそのことを伝えましたが、反応がとても悪くて、結果、共通理解が得られないまま小学校へ入学しました。今、こうした話は多くの幼稚園や保育園で聞かれるのではないかと思います。

その子のために言いにくいこともしっかり伝えます

当時、私は「なんとかしなくては」という思いで発達教育相談センターに電話したのですが、センターは「親がどうしても判定を受けたくないというご家庭にはあまり無理強いしないでください」という対応でした。しかし言いにくいことでも親御さんにははっきりと伝えて、専門家に診断してもらうことができれば、こちらは何十年と幼児教育をやってきていますから、「広汎性ならこういう対応をしていったらいいね」「自閉症だったらこだわりがあるのは当然だね」と病気の症状に配慮しながら指導を進めていくことができます。私が検査を勧めても、認めなかったご両親はその後、当然ですが私を避けるようになりました。残念です。

検査を拒否する親は、子どもに無関心

繰り返し検査に行くように勧めても、なかなか頷いていただけないので、療育センターの方に園に来ていただくなど様々なアプローチを園側で試みても、親御さんがお子さんの将来を考えて行動していただかなくては、私たちの思いだけではどうしようもないことがたくさんあります。「就学前の大事な時期ですから……」といくら説明しても、なかなかデリケートで難しい問題ですから、すべて成功に向かうわけではありません。それでも私たちは幼児教育の現場で多くのお子さんの育ちと発達を見てきていますので、理解をしていただきたいと思うわけです。

結局、その女の子だけでなく、その子のお兄ちゃんも障がいを持っていて定期的に療育センターに通っていましたので、私たちも頑張ってみたのですが残念ながらこのケースは物別れに終わりました。

実は最近、兄弟で共に障がいのあるケースが増えています。この場合、親の関わり方に問題を感じることが多々あります。こちらのご家庭にも問題がありました。お母さんが子どもよりも自分の都合を優先し、子どもに対しては無関心で放任。それなのに園や役所に対しては、「担任の先生が心配だ」とか、「発達教育相談センターは信用できない」など、文句や要望だけはガンガン言う方だったのです（そういう方は最近増えてきています）。それでも、この子たちは無事に卒園し、卒園式ではご両親が感動して泣いていらっしゃいましたので、その涙がせめてもの救いとなりました。

診断が下されたら受け入れる

この本を読んでくださっている方でも、「うちの子はもしかして……」「いや、認めたくない」という葛藤の中で生活しているお母さんも多いことでしょう。ボーダーラインにいるお子さんに手を焼いている方は決して少なくないと思います。

でも、障がいがあろうとなかろうと、お母さんがお子さんにしてあげられることは、その子のすべてを受け入れてあげることです。最初は「こ

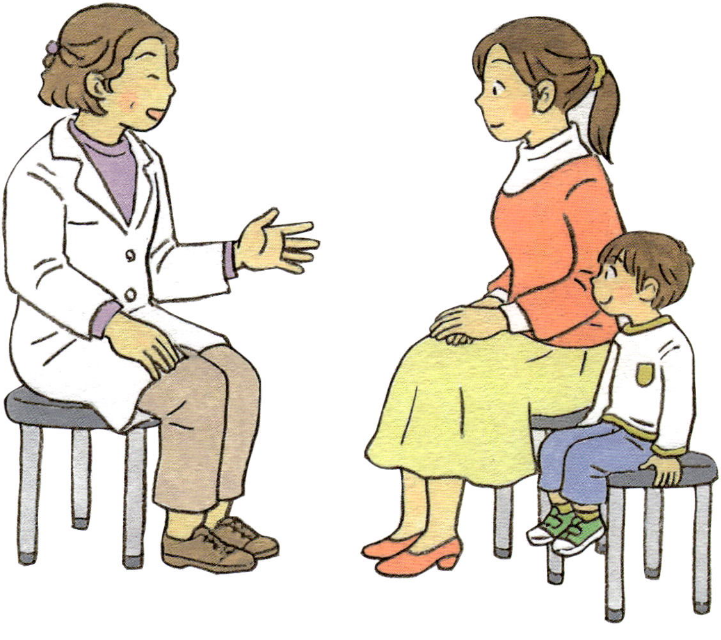

の子はこんな個性だったのか!」と戸惑ったとしても、「絶対違う!」と障がいを否定するのではなく、その子をそのまま受け入れてあげるのです。だって、**親しか受け入れてあげられないのですから**。

もし診断がなされたとしても落ち込むのではなくて、やはり受け入れるしかないのです。そして、親御さんが受け入れた時にようやく、スタートラインに立つことができるのです。受け入れなければスタートラインが見えません。結果を受け入れてはじめて、「わが子はこういう性質だから、こう接していこう」と先を見通すことができるようになるのです。

数年前に卒園した男の子のお母さんがそうでした。その子が卒園する時にもらったお手紙にはこう書かれてありました。「最初はこの幼稚園で大丈夫なんだろうか、みんなと同じにできるんだろうかと不安でした」と。当然、親御さんは皆さん不安です。「どうしてうちの子はこうなんだろう」と思うのは致し方ないことと思います。でも、そこを支えられるのが私たちだと自負しています。

20年前の問題児も、今では頼もしい青年に

今年の冬、とてもうれしいことがありました。島の行事で何人かの青年たちとご一緒する機会があったのですが、その中にふたば幼稚園の卒園児が3人いました。その成長ぶりには目を見張るものがあり、「先生!」と声をかけられた時はうれしくてなりませんでした。

その中の一人が私の自宅を訪ねてくれて「僕は幼稚園の頃、何度も門を飛び出して家に帰り、先生たちを困らせていましたね」と、まる

で昨日のことのように覚えてくれていました。3歳の頃、本当に手を焼いた、とてもやんちゃな問題児でしたが、今では23歳の立派な青年に育っていました。時間の経つのも忘れ、たくさんお話をしましたが、幼稚園の頃の記憶はいつまでも残っているんだなぁという思いと、障がい児と問題児は違うということを改めて感じられたとても素敵で幸せな時間でした。私は卒園式でいつも保護者に言っています。「この子たちを無事に送り出すのはとてもうれしいことです。けれども、私たちはこれからもこの子たちの成長を見続けていきますよ」と。

幼児期の教育の結果は思春期に出ます

私たちの仕事は小学校に送り出したらそれで終わりというものではありません。**幼稚園での教育の結果は思春期に出ます**。私は送り出した生徒の中学校の入学式も卒業式にも出ています。私は思春期まで子どもたちを見ていきたいのです。臨界期に適切に対応しておけば、思春期の反抗期も当たり前にやってきて無事に乗り越えていきます。私はそれまでを見続けていきたいと思い、日々、幼児教育の現場で奮闘しています。

「運命は幼稚園で変わる」対応が早ければ小学校に間に合います

何度も申しますが、子育ては6歳までが本当に大事です。**一人ひとりに対する細やかな対応は幼稚園や保育園でしかできません。**小学校に入ったら集団行動が優先になり、個々への配慮は難しくなります。それだけを見ても、子どもの運命は幼稚園や保育園が握っていることがわかるでしょう。

たとえば「今はいろいろなところで成長が遅れているけど、大きくなったらみんなと一緒になる」と安易な考えを持つ親御さんが実に多いわけですが、子どもの成長の臨界期に「今、対応しておかないと間に合わない」ということは数限りなくあります。しかし、そういった見極めは親の立場からでは難しいこともあります。専門家の検査を勧める理由はそこなのです。

検査で問題がなければ、単なるしつけの問題となるのですから、少しでも悩んでいるお母さんは検査を受けに行ったほうがいいくらいです。診断や対応が早ければ早いほど、しっかり改善されます。しかし、大事な臨界期を過ぎてしまってはもう遅いのです。ですから幼稚園選びは慎重にしてください。子どもの育ちは「臨界期をどう過ごしてきたか」にかかっています。

3歳児は
障がい児に違和感を持ちません

　昨年、先天的に大腿骨に異常のあるお子さんが無事卒園いたしました。その子は歩くことはできますが、身長が同い年の子どもたちより目立って低く、学芸会や式典などみんなで並んで発表をする時にはその子だけ顔の位置が低くなるのです。でもお遊戯会でのお歌の時、隣の男の子はその子の横に椅子をそっと出し、その子は椅子の上に立って自信を持って元気に歌うことができました。そういうことを同じクラスの子どもたちはさりげなくやってのけます。

　障がいを持つ子と持たない子が小さい時から一緒に生活をしていれば、「この子は少しお手伝いが必要なんだ」ということが自然に感じられるため、問題は起こりません。そして、お手伝いできる子はお手伝いを必要としている子に一生懸命手を貸そうとします。**人の役に立つことが喜びであることを知っているのが、幼児期の子どもの特性**だからです。

　しかし、小学校に入ってからいきなり障がいを持つ子と一緒になった場合には、「どうしてこの子は自分と違うの？」と、なんとなく違和感を持ってしまいます。頭で考えるようになるからです。でも、小さい頃から一緒に育っていれば、障がいを持つ子も持たない子も大切な友達の一人として育ち合います。

障がいがある子もない子も一緒に成長できる幼稚園

前のページでもお話した、大腿骨に障がいのあるお子さんを、園では3歳から預かりました。お住まいはうちの園からは遠く離れていたのですが、どこかで私の食育の講演を聴かれたことがあったというお母さんが「わが子を預けられるのはこの園長先生しかない」と強く思われて入園を決められたそうです。

そのお母さんは、卒園式の最後のあいさつで、「私がここを訪ねて来た時に園長先生は『お宅のお子さんはみんなにとって宝物ですよ』と言ってくださいました」と話されました。私自身はそんなことを言ったのかどうかは思い出せないのですが、障がいを持つお子さんが入園してくださることで、周りの子どもたちが素晴らしい成長を見せるということについて、私は自信を持っています。でも、それと同じように感動するのは、障がいのある子をクラスの中で一緒に育てることで、その子自身がものすごく成長していくことなのです。

お友達を助けたり、助けられたりする経験が必要

ある日の海での野外活動で起こったことです。大腿骨の障がいによって脚の長さが同い年の子どもの半分ほどしかなく、歩くのが遅かったその子が、あっという間に大人の背丈よりも高い岩場を登っていた

のです。それは、お友達の何人かが上から手を引いて助けてくれたことで成功したわけですが、私としては、「こんなところから落ちて大ケガをしてしまっては、命にも関わるし、救急車もこんな岩場まではやって来られないし……」と、本当にハラハラしました。でも、そうこうしている間に、気が付いた時にはもう頂上に立っていたのです。その時のその子の顔の素晴らしいこと。達成感でいっぱいの表情でした。我慢して見守った甲斐がありました。

人はそれぞれ違っているし、助け合うのが社会

障がいを持つ子と持たない子が、一緒に混じって育つことは子どもたちにとって非常に大切ですが、それは社会にとっても、かけがえのない結果をもたらします。障がいを持つ人と持たない人がお互いに助け合って社会を構成しているということを、特別に教えることなく、ごく当たり前のこととして自然と頭と身体に刻まれていくからです。

人は一人ひとり違っていて、お互いにそれを補完し合って生きているということを、小さい頃から身をもって体験しているのといないのとでは、その後の人間的な成長が違ってきます。また、そういう子どもたちを育てることは、未来の日本の社会の成熟のために最も必要なことであると私は考えています。いじめや差別も減るはずです。

一人でも生きていける力を持てるように育てます

最近では、発達障害の疑いのあるお子さんが非常に多くなり、一般の幼稚園・保育園でも受け入れをしています。意を決して一般の園に入れる親御さんは、たいがい自分の子を不憫に思い、「うちの子だけに目をかけてください」という気持ちになりますが、私は「お子さんは受け入れますので任せてください。でもそのかわり私たちはサリバン先生になりますから」とお伝えします。

私たちはサリバン先生になります

幼少期に視力と聴力を失ったヘレン・ケラーがあれだけの偉人になったのは、サリバン先生と出会えたからです。ヘレンの親は何人も家庭教師を替えました。ヘレンがかわいそうだからと、ヘレンにやさしく接する先生を探したからです。サリバン先生も一度、首にされています。けれどもヘレンがサリバン先生を慕っていたことで呼び戻されました。サリバン先生は、教育と生活を近づけた独自の指導で導き、結果、ヘレンは講演をしながら全世界を周れるほどに成長したのです。

もし、サリバン先生と出会わなかったら、親は「わが子がかわいそうだ」という気持ちを変えることができずに接してしまい、ヘレンがあれだけの成長を遂げることはなかったでしょう。

やさしく接するだけでは成長できない

お父さんやお母さんは子どもよりも先に逝きます。子どもたちが大人になり、そしてご両親がいなくなったあと、どうやって生きていくか。ふたば幼稚園では、将来一人になっても生きていけるだけの教育をしていきます。その分、親御さんは心得ておいてください。私たちはサリバン先生であると。

子どもたちを客観的に見てできるだけ手を貸さず、自分のことは自分で行えるように導きます。そして、「慈愛をもって、責任をもってお育てします。3年後を楽しみにしていてください」とお伝えしてお預かりしています。

障がいのある子を特別扱いせず、気長に関わっていきます

人間という言葉は、「人」の「間」と書きます。人は一生、人の間で生きていかなくてはならない。その力を培ってあげることが教育です。発達上の障がいや身体的な障がいのあるお子さんを、当園では可能な限り積極的に受け入れています。幼稚園は通常は3歳児からの入園ですが、お母さんからお子さんのハンディについて相談を受けた場合などは、少しでもプラスの結果を出すために2歳からの入園をお勧めしています。

気長に関わりながら相手を知っていきます

ふたば幼稚園のクラス担任は、障がいを持つ子を特別扱いはしません。もちろん手はかかります。でも手をかけるべきところはかけ、集団で進めるべきところは集団で行う。急いでも何も良いことはないので、気長に関わっていくしかありません。

その子のために特別なカリキュラムを組むこともしません。カリキュラムを組むとその子だけ特別な見方をしていることになりますので、みんなと一緒が基本です。ただし、その子に適した環境作りは園全体で考え、全職員で共有しています。

その子の持つ障がいについて、他の子や他の親御さんたちにお伝

えすることもしません。「ちょっとまだ言葉が出ないみたいだから、これは難しいみたいだね」と子どもたちにはさりげなく伝えることはあります。「ここは○○君にとっては難しいみたいだから、お手伝いしてくれる?」と言うくらいのものです。周りの父兄も運動会や表現活動などを通してそのうち察するので、わざわざ伝える必要はまったくないのです。それは、関わりながら知っていくことなのです。

可能な限り一般の幼稚園や保育園での生活を

以前、障がいを持つお子さんが通う療育センターを見学したことがありますが、その中に「この子を、うちの園に連れて帰りたい」と思う子が何人かいました。障がいのあるお子さんには、その子と同じくらいの年齢の子どもの声や、刺激のある環境がとても大切だと思うからです。障がいのないお友達と生活する環境に入れば、「この子はお手本を見ながらもっともっと育つのに」と思い、胸が締めつけられそうになったことを覚えています。

当時、療育センターではケガがないように、問題が起きないようにと、部屋ごとに鍵がかかっていました。でも、人というものは、自分が行きたいところに行って、したいことをしてこそ、自分を高めることができて成長していけるのです。療育センターとしての対応ですから仕方がないこととは思いますが、成長の可能性のある子は一般の幼稚園や保育園でみんなと一緒に育っていくのが自然な形ですし、その子の未来にとっても社会にとっても、大変有意義なことだと思っています。

アスペルガーの子には時間をかけて説明します

最近、アスペルガー症候群の子どもが増えてきました。「人の感情がわからない」という発達障害のひとつです。アスペルガー症候群の特徴は、知的障がいは伴いませんが、相手の言葉を額面通りにしか受け取れないこと。お友達が発した言葉の、その奥がわからないのです。

お友達から、「○○君、そこにあるおもちゃ取れる?」と聞かれても、「うん」と答えるだけで、おもちゃを取ることはしません。お友達はおもちゃを取ってほしかったのに、「うん」と答えただけで取ってあげることはしないため、コミュニケーションが成立しなくなります。

また、物事へのこだわりも強いので、相手の発した言葉の意味と自

分の受け取った意味が違うことで、「だって、こう言ってたのに!」と、イライラして怒っていることが多くなります。アスペルガーの子がつらいのは、日々そういう日常を送らなければならないことです。

野外活動でコミュニケーション能力が養われる

ふたば幼稚園では、遊びを通してお友達同士のコミュニケーションを学べるように工夫しています。たとえば、園のお散歩で行く海での野外活動。岩場の崖に行って一人で登れない時に、「○○ちゃん助けてー」と声をかける。「うん、いいよー」と手を貸してあげる。「ありがとー」と感謝の気持ちを伝える。大変なことに直面して助け合い、そして達成する。逆に「こうされてイヤだったの」「あっ、ごめんね」などと、日々の関わり合いの中で、気持ちを伝え合う。そういう言葉のあやとりが日常的に体験できる場が子どもにとっては必要なのです。

けれども、アスペルガー症候群がそれで治るかといえば、そう簡単ではありません。それでも、家庭環境を含めて周囲の環境を整え、適切な指導を心掛けていけば、時間はかかりますが変化はしていきます。

うちの園でも、アスペルガーと診断され、環境の変化に非常に弱い子がこれまで何人も通ってきており、現在も2人います。その中で「明日は○○をするよ」という声かけではなく、「明日はこういうことをするけど、心配しなくていいよ、わからないところは先生が手伝うし、助けるからね」と、言葉の奥を説明して、先に安心感を与えておきます。これだけで本人は戸惑うことがなくなるのです。

室内遊びも熱気ムンムン!
子どもは〝どこでも遊びに没頭できる天才〟

海・山・園庭と、屋外でのダイナミックな遊びがとにかく得意なふたば幼稚園の子どもたちですが、室内でも、それぞれが夢中になれる遊びを見つけて没頭します。海や山で集めてきた貝殻、木の実などを使ったお店や工房などもすぐに開店します。日頃から台所でのお手伝いをしている子などは、おままごとも堂に入っています。「入れて」「いいよ」「これ、見て!」「すごい!」と、教室のあちらこちらで輪ができ、盛り上がっています。

第6章

〈実例〉奇跡を起こした子どもたち

ふたば幼稚園では、常に然るべき機関と連携をとり、保護者からの信頼を得る努力を続けながら、園の職員が一体となった保育を実践してきました。これまでに30名ほどの障がいを持つお子さんや、問題を抱えるお子さんを卒園させてきましたが、ここではその一部の子どもたちを紹介していきます。

ケース
1

【病名】自閉症的傾向（当初は自閉症と診断されるも、幼稚園通園中に小児科医が訂正）

田村 康弘君（仮名）の場合

【症状】こだわりが強い。母親の作る特定の食事しか食べない。

【入園年齢】2歳

★入園して6カ月で集団行動が可能になる。入園後1年10カ月後に自ら給食を食べるようになった。4年間かけて卒園。

子どもにぎこちなく接する母親

2歳児を対象としたふたば幼稚園の親子教室にお母様と参加していた康弘君でしたが、その時のお母様の康弘君への接し方がぎこちなかったことから2歳での入園をお勧めしました。お母様は「預かっていただけるんですか!」ととても驚いていらっしゃいました。というのも、康弘君は自閉症と診断され、療育センターに通っていたからです。

通ってくるうちにわかったのですが、会話中のお母様が言葉は発しているのに無表情で、人との関わり方がぎこちなく、「私は子どもが嫌いです」などと仰る。私はとんでもないと思い、「康弘君とお母さんはつながっているんです。そんなことを言ってはいけません」と、やさしく諭しました。

康弘君のお母様は悩んでいるというよりも、子どもというものがどんなものなの

か、どう接していいのかがわからないから、大人と同じように子どもに接しているという感じでした。知り合いの方からうちの園を勧められたそうですが、康弘君は家でも手に負えないし、どう扱っていいのか見当もつかない。それなら幼稚園の親子教室にでも行っておけば遊んでくれるのでは、と思われていたようです。

数カ月で幼稚園に慣れた康弘君

康弘君は定期的に療育センターに通いながら、幼稚園に通園することになりました。しかし、康弘君は登園初日から毎朝、園に着くとすぐに園庭にあるセンダンの木の陰に隠れてしまいます。さりげなく担任の先生が教室から「康弘君、おはよう」と声をかけます。すると、木の後ろからちょっと顔を出す行動をし、それを何度も担任と繰り返しながらやっと部屋に入るといったことが続きました。しばらくして少し慣れてきたかと思うと、今度は0から10、11…100、101と、木の枝を鉛筆代わりにし、園庭の土の上に数字を延々と書き続けます。そんなことがしばらく続き、やっと部屋に入れるようになったと思ったら、次はクラスの部屋のドアの開け閉めを、ずーっと繰り返すという毎日でした。

康弘君は自宅でもそうだったのでしょう。危険なことはしないので手はかからないし、声をかけたところで無反応ですから、お母様もそのうち声をかけなくなる。たぶん小さい頃から、康弘君のしたいようにさせておいたのだと思います。でも、集団生活になればそうも言っていられません。康弘君は周りの子どもた

ちが刺激になったのか、数カ月ほどで幼稚園になじんでくれました。

給食を食べられるようになった!

しかし、なかなか改善しなかったのが食事です。自閉症の子は食に対する興味が狭いため、決まったものしか食べられない子が多く、康弘君はお母様が作った「お肉しか入っていない混ぜご飯」以外は受け付けなかったのです。いくらニンジンやピーマンを小さく刻んで入れても、見事にお皿によけてしまう。口の中に入っても必死に出します。これにはほとほと困りましたが、担任が気長に対応し、結局1年10カ月で園の給食を食べてくれるようになりました。

この1年10カ月の間に担任がしたことといえば、康弘君の器の中のご飯を先生も一緒に食べることでした。「はい、先生は一口食べたよ。じゃ、次は康弘くんね」と、替わりばんこにマンツーマンで食べさせていたのです。

それこそ公立の幼稚園や保育園だったら、子どもの器の中の食事を職員が食べたら行政から指導が入ります。こちらもそれはわかってはいるけれど、この子をこのままにしておいてはいけないという思いだけで1年10カ月、それを続けました。

するとある日のこと、「あれ？　今日はひとりで食べているな……」と感心して見ていたところ、担任がふと目を離した隙に、康弘君が部屋の中からいなくなっていたのです。実はその時、職員室ではある事件が起こっていました。

私が職員室で仕事をしていると、ドアをコンコンと叩く音がします。明らかに子どものノックです。開けてみると、お茶碗を持った康弘君が立っていました。そして、康弘君はお茶碗の中を見せるようにして、「え・ん・ちょ・う・せ・ん・せ・い、た・べ・ま・し・た」と、たどたどしい言葉で私に語りかけてきたのです。私は本当に驚きました。康弘君の後ろでは、彼を追いかけてきた担任が、その様子を見て涙をポロポロ流しています。「康弘君、食べたの、偉かったねー」。その日を境に康弘君は毎日毎日、給食のお茶碗を見せに来てくれるようになりました。

ひとつひとつ学習していく康弘君

康弘君は年少クラスに入園したのですが、年少さんの頃は周りの子どもたちも全員食事に時間がかかるため、同じ時間帯に康弘君に対してだけ時間を割くことができませんでした。ですから、康弘君の食事は毎日みんなが食べ終わったあとに始まるわけですが、ある日から康弘君は、みんなの食事の時間が終わるのをじーっと待つようになっていました。「みんなが終われば、先生が僕のところに来て一緒に食べてくれる」と、小さいながらも生活の導線を本人が学習したのです。**みんなと一緒に過ごすことで先の見通しが立てられるようになった**。そういうひとつひとつの積み重ねが大事なのです。

施設行きを勧めたお医者様が診断を覆す

康弘君が年少クラスの秋のことです。その頃には康弘君も、お友達と一緒にリズム遊びに参加できるまでに改善していたのですが、幼稚園での活動中に人差し指にケガをし、先生が絆創膏を貼ってあげたことがきっかけで変わってしまいました。日ごとに絆創膏を貼る指が増えていき、結局全部の指に貼って登園してくるようになったのです。康弘君にせがまれるがまま、お母様が貼ってあげていたわけですが、それからはもう絆創膏が気になって気になっていじってばかり。とうとうリズム遊びなどの園での活動はストップしてしまいました。そんな時に、康弘君が通っている療育センターでは、小児科のお医者様との面接が行われました。

絆創膏にこだわる康弘君の様子を見たお医者様は、「普通の幼稚園ではやはり無理でしたね、4月から然るべき施設に変えましょう」と転園の判定を下しました。相手は専門家、それもお医者様ですから、お母様は言われるがまま。私は驚いて、「康弘君は卒園までお預かりするということでお引き受けしたのです」と必死に説得しました。これまでの経験上、この子には卒園する力が備わっていると感じていたからです。

私はお医者様に「園に見に来てもらえませんか」とお願いしました。センターのお医者様たちは康弘君を何カ月かに一度見るだけです。でも私たちは

園生活の中で1週間に5日間は見ているわけです。その先生は、「今はこういうお子さんが多くて、私は今年割り当てられた子どもとの面談の時間を使ってしまい、見に行けないのです」とおっしゃいました。私は「この子の一生がかかっているんです。今ここで転園をするのはこの子にとって良いことではありません。この子は私が責任を持って預かります」と伝えましたが、その時は物別れに終わりました。ところが、それから1カ月経った頃、そのお医者様が「自分の休みの日を使って見に行ってもいいでしょうか」と電話をかけてこられたのです。

その頃には私は康弘君の絆創膏を、ケガをしていた指1本だけ残して全部はがしていたため、お医者様が見学に来られた当日は、康弘君はいつもと同じように他の園児と共に活動し、一緒にリズム遊びをしました。私とお医者様は椅子を2つ並べてその様子を見ていたのですが、その時、先生が眼鏡を外して涙を拭かれました。そして、「園長先生、私たちはうかつでした。あの子は自閉症ではなく、自閉症的傾向にあるお子さんですね。園長先生、卒園までお願いします」と仰ってくださり、無事、康弘君はふたば幼稚園を卒園していきました。

ケース
2

【病名】ダウン症

菅沼 高志君（仮名）の場合

【入園年齢】4歳で年少クラスに入り、5歳で年長クラスに進級。

★療育センターに定期的に通所。

専門機関から幼稚園に編入

すでに毎日、療育センターに通所していた高志君でしたが、ある日センターから「週に1～2回、普通の幼稚園で生活してみたらどうか」という提案があり、お母様がふたば幼稚園に相談に来られました。それを聞いた私は、「うちに通うなら毎日登園させてください。週の半分ずつ別の場所に通うのは、コロコロと環境が変わって本人も落ち着きません」とお伝えしました。お母様はセンターとずいぶんお話されたようですが、結果的にふたば幼稚園への入園を決められました。

子ども同士のトラブルで成長する

高志君は最初、「あー、うー」としかしゃべりませんでした。でも、園の子どもたちは「こう言ってるんだろうな」と高志君の話す言葉の意味を自分たちで感じ取り、さりげなくお手伝いしてくれていました。

そんな園生活を高志君が送っていたある朝、靴箱のある玄関で高志君を交えたちょっとしたトラブルがありました。送迎に来ていた高志君のお父様がたまたまそれをご覧になり、「こんな幼稚園じゃダメだ。これまで通っていた施設に戻ったほうが良い」という気持ちになられてしまったのです。せっかくお母様が園を信頼し始めてくださっていた時期でしたから私はとても残念でした。

その後、ご家族で話し合われ、園を変えたいというお申し出がありました。それを聞いた私は、「お母さん、高志君は将来、社会に出て生き抜いていかなくてはいけないのですから、そういう場面も必要なんです。**守るばかりではいけません**。高志君にとっても、**自分がイヤな場面に遭遇するということも大事**です」と率直に思いを伝えました。本当のところ高志君自身はその時のトラブルのことを何とも思っていないのもわかっていました。子どものことで親が敏感になってしまうことは往々にしてあります。

結局、高志君は卒園までうちに通い続け、卒園式の時にはお父様も「園長先生、いろいろ言いましたけど、ありがとうございました。感謝しています」と仰ってくださいました。

あと1年だけ幼稚園で過ごさせたかった

高志君がうちの園に来た時は4歳でしたが、4歳児にもなれば、周りの子どもたちはある程度成長しています。ですから、いきなり4歳児の年中クラスに入

れてしまっては本人が混乱してしまうと思い、「高志君のためだから」とお母様に説明して3歳児の年少クラスに入園してもらいました。そこで1年を過ごしてから年中クラスを飛び越えて、5歳児の年長クラスへと進級させました。

高志君の場合は、できればあと1年間、幼稚園で預からせてもらえていたら、さらにグンと成長して、もっともっと症状は改善したはずでした。この子には本当に手応えを感じていたからです。私はお母様に、「あと1年あったら高志君は小学校の集団の中で安心してやっていけるのに」と伝えました。お母様の気持ちも同じで、同意をしてくださったのですが、法律では無理ですから、結局小学校へ送り出すことになってしまい、とても残念でした。**子どものためなら入学時期でさえ個々の成長に合わせてよい**と私は思っています。

この時期の1年の差は問題ない

今は成長の個人差が激しくなっています。ボーダーラインの子も多い。ですから私は、**「これなら安心して1年生に送ってあげられるな」と十分に納得できた段階で小学校へ送り出したい**のです。そうすれば小学校の先生もご苦労なさらないでしょう。今は子どもたちの成長の差があまりにもあり過ぎます。私たちは障がいのある子を通して様々な場面に遭遇します。でも、人の一生を考えたら、この時期の1年の差が何の問題になるでしょうか。毎日その子の成長を見てきた私たちに、ぜひ任せていただきたいものです。

ケース
3

【病名】脳性麻痺

牧瀬 華ちゃん（仮名）の場合

【症状】大腿骨の異常により歩行が困難。

【入園時年齢】3歳

★知的な問題はなく、積極的で明るく、好奇心旺盛な性格。
歌やお遊戯が大好きで、遊びも運動会も学芸会も意欲的に取り組む。

「歩けないもん……」華ちゃんの一言で入園を決断

ある日、脳性麻痺を患った華ちゃんとお母様がふたば幼稚園を訪ねて来られました。以前に康弘君のことで園を見学された療育センターの小児科医の先生から「志賀島のふたば幼稚園なら受け入れてくださるかも」と、園を紹介されたそうです。

華ちゃんは知的には全く問題はなく、身体的な不自由があるだけでしたが、うちの園にはとてもその子を受け入れられるほどの設備がないため、難しいと思いました。しかし次の瞬間、思わず私は華ちゃんに聞いていたのです。「ふたば幼稚園に来る?」と。すると華ちゃんは「だって、華はお靴が履けないし、歩けないもん」と返事をするのです。3歳の子からその言葉を聞いた時、私は胸がえぐられる思いがしました。これは何としても受け入れようと決心し、お二人が帰ったあとすぐに職員に相談しました。主任は「もう園長先生は胸の中では

決めてあるのでしょ」と、まるで私の心の中が透けて見えているかのような言葉を返してくれました。「実はね……」という私からの返事も待たずに、「それじゃ、私たち頑張ります」と、主任からさわやかな返事が返ってきたのです。こうして、華ちゃんの入園が決まりました。

たった数カ月で手すりを使った歩行や階段の上り下りも

ふたば幼稚園の年少クラスに通い始めた華ちゃんは、歩くのも困難なほど下半身が不自由なため最初は様々な援助が必要でした。送り迎えは毎日お母様が車で行います。車の乗り降りは抱っこで、玄関までは松葉づえを使って歩いて来ます。園としては、療育センターと話し合いを重ねながら、トイレに手すりを設置したり、机を特別に作ったり、できることはいろいろと工夫しました。周りの子どもたちもいつも助けてくれて、矯正のための特別な靴をきちんと履かせてくれたりしています。このクラスの幼稚園生活の様子は、福岡県私立幼稚園の教師研修会「子どもの立場に立って幼稚園生活を考える」で発表いたしました（P194参照）。

華ちゃんが年少さんの1学期は、室内の移動はハイハイで、園庭に出る時には先生が抱えて外に出してあげていました。ところが、2学期にはつかまり立ちや支え歩きに変わり、歩行器での移動も上手になりました。そして3学期には、体を軽く支えてあげれば、手すりを使って階段の上り下りができるようにな

ったのです。

その後もみるみる成長していき、運動会も野外活動も学芸会も、いつもみんなと一緒に行っていました。そして、みんなと一緒に卒園し、小学校へと送り届けることができました。

いじめはゼロ！　子どもたちの関わりが大きな力に

華ちゃんの場合は、身体に関しての援助は先生が行いましたが、その他は子どもたちとの関わりの中で自然に育っていきました。**幼稚園児の場合、お友達に障がいがあるからいじめる、などということは全くありません**。だから、障がいがあっても、この時期なら普通の幼稚園に入れて育つことは、子どものために一番良いと私は思っています。

人数的な制限などはあるかと思いますが、どこの幼稚園も預かってくださいますので、ぜひ**幼稚園を頼っていただきたい**と思います。また、そこを支えるような手厚い仕組みを、国や自治体には考えていただきたいものです。

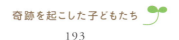

報告資料 牧瀬華ちゃん（仮名）の年少1学期から年中1学期までの生活の様子

	年少 1学期	年少 2学期	年少 3学期
生活面	○握力が弱く、手を洗う時に蛇口の開閉ができない。	○椅子に座っての活動はできるだけ専用の椅子を使うようにする。	○蛇口の開閉が一人でできるようになる。
遊び	○はだしで砂遊びをすることが多い。 ○男の子、女の子誰とでも遊ぶ。	○女の子同士で、家族ごっこをしたり、室内で遊ぶことが多い。	○2階の部屋（年長児の部屋）での遊びを好み、毎日のように行く。
移動	○室内はハイハイでの移動。 ○外へ出る時は抱えてあげる。	○つかまり立ちや、支え歩きが少しずつできるようになる。 ○歩行器での移動が上手になってくる。	○階段の昇り降りが立って、手すりを使って、できるようになる。（体を支える援助は必要）
着替え	○着替え全般において、教師の援助が必要。	○壁を背もたれにして、スポンジブロックに座って着替える。 ○みんなの倍以上の時間を要する。	○矯正靴をはかなければ、一人で着替えができるようになる ○スカートの着脱が難かしいようだ。
排泄	○扉の止め金とペーパーホルダーの上に手を押き立たせる。その間に教師がズボンとパンツを下ろす。 ○用を足している時は体を支えてあげる。 トイレに手すりがつく	○手すりがついたため、ズボンとパンツの上げ下げは一人でできるようになる。 ○用を足している時の支えもいらなくなる。	○全部一人でやりたい、という気持ちが出てきて、手洗い場から便器までの手すりがない所でも、援助を拒み、一人で行こうとする。
食事	○食事は時間内に食べ終わることができる。	○おかわりが必要な時は、教師に頼む。	○おかわりが必要な時は、グループのお友達に頼んでやってもらう。

担任は華ちゃんの園生活を見守り、成長を記録していました。その過程は福岡県私立幼稚園の教師研修会「子どもの立場に立って幼稚園生活を考える」において発表されました。

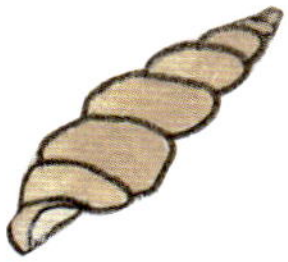

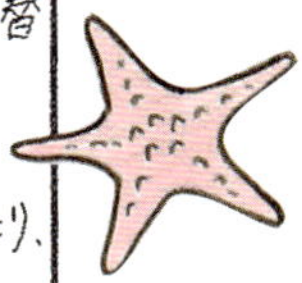

現在の様子
◦何事にも意欲的で遊びや活動にも喜んで参加する。 身の回りの事も、時間はかかるが、一人でできるようになった。
◦園庭での鉄棒やのぼり棒にチャレンジする。下半身に体重がかかるので、大変なのだが、意欲的にやっている。 ◦2階の部屋（年長児の部屋）で、迷路あそびをする。
◦室内はハイハイかひざ立ち歩きで移動。　6月から矯正靴（支柱付靴型装具）をつけている時のみ、室内も歩行器で移動 ◦トイレ、階段、部屋から外に出る時は補助が必要。 ◦園庭や園外は、歩行器、もしくは車椅子を使用。 ◦現在、福岡市立心身障害福祉センターで、杖歩行の訓練中。
◦壁を背もたれにして、椅子がわりのスポンジブロックに座って着替える。 ◦座ったまま、上着は上手に着替えることができる。 ◦制服のスカート ⟷ 体操ズボンは、座ったままおしりを浮かせたり、一度スポンジブロックから降りて、ひざ立ち状態で着替える。 ◦着替えは一人でできるが、時間はかかる。
◦便器に行くまでは補助が必要（後ろから体を支えてあげる） ◦片手で手すりを持ち、あいた方の手でズボンとパンツを下ろす。（左右交互に）　用を足した後も、片手で手すりを持ち、あいた方の手で、ペーパーを取り、ふくこともできる。
◦お弁当も給食もよく食べる。給食でおかわりが必要な時は、グループのお友達に頼む。 ◦食事以外の椅子に座っての活動（製作、自由遊びの時のおえかきや粘土）も、専用の机と椅子を使用。

ケース
4

【病名】広汎性発達障害

保坂 空君（仮名）の場合

【症状】生まれつき舌が短く、言語発達遅滞があった。

【入園時期】3歳　★入園後半年で二語文を話すようになる。

「うちの子は言葉が出ません」

入園説明会の時に遅くまで会場に残っていたお母様がいらっしゃいました。空君のお母様です。私は何かお話したいことがあるのだろうと思い、「どこからお見えですか」とお声かけしたことが入園のきっかけとなりました。お母様は、「実はうちの子どもは言葉が出ません」と仰います。私が「一度お連れください」と伝えると、しばらくしてお祖母様とお母様と空君の3人で来られました。

「4歳からの入園では治す自信がありません」

それは、空君が満3歳になったばかりの頃でした。空君は本当に「アーアーウーウー」としか言いません。しばらくお話をしていると、空君が「アーアー」と指さしながら何か言います。するとサッとお祖母様が動かれる。「ウーウー」と言うと今度はお母様が動かれる。空君は言葉をしゃべらなくても、お祖母様とお母様が動いてくれる。だから生活が成り立っていたのです。

それを見た私はお二人に「3歳から入園させませんか」と言ってみたのですが、「この子は言葉がしゃべれないから入園は4歳からにします」と仰って帰られました。

1週間後、今度はお父様がお見えになり、「ここには入れたいが、しゃべれないうちに幼稚園に入れたらこの子のストレスになる。自分も海外に行って言葉が通じなかったら大変なストレスを感じるから、この子もストレスがかかって幼稚園生活が送れないと思います。4歳からお願いします」と仰るのです。私は、「お父様は日本語を獲得しているから、その日本語が通じなくてストレスになる。でもこの子は今から獲得するんです。言葉を獲得する時期を逃したら手遅れになります。もし、4歳から入園させたいと仰るなら、4歳からでは私には自信がないので預かれません」とお断りしました。「預かるなら今です」と。私の言葉でお父様は入園を決断されました。

夏休みも登園して言語能力を改善

入園当初、空君は私にも「アーアーウーウー」と指示を出していました。「アーアー」と言いながら私に対して「向こうに行け」というしぐさをするので、職員室に戻ったりしたこともあります。でも、そういうことを受け入れながら、担任も私も気長に空君と関わり、また空君自身も周りの子どもたちからの刺激を受けながら過ごしていると、7月の終わりには子どもたち同士で単語が出るようになりま

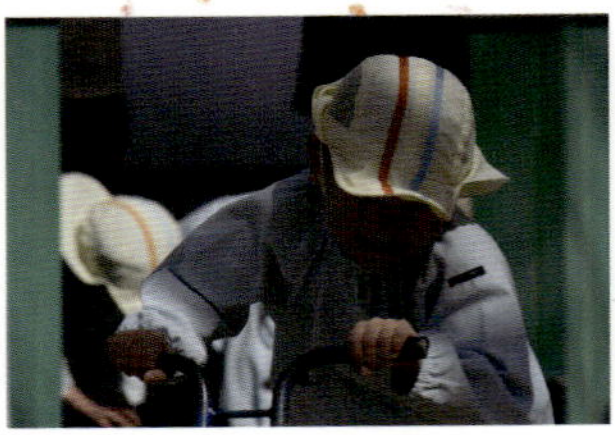

した。

しかし、もうすぐ夏休みです。私は〝このまま40日もの間、家庭だけで過ごさせてしまったら、また元に戻ってしまう〟と思い、ご両親には長期休みに行っている「お預かり保育」を勧めました。これは別料金になるのですが、ここまで改善している子が長期間休んでしまうのは、とてももったいないのです。うちの園では問題のある子が幼稚園の環境を忘れてしまわない様に、長期の休み中にも時々登園させる「お預かり保育」を行っています。

どんどん言葉が出てきた

２学期になると、空君の言葉は単語と単語がつながるようになっていきました。発音はまだ聞きにくいところもありましたが、「先生、箸」「先生、お茶」のように二語が出てくるようになったのです。そして、驚くことに２学期の終わりには「て・ん・て・い、お・は・ち・か・ち・て・く・だ・た・い」と、たどたどしさはありますが文章をしゃべり始め、それからはどんどんと言葉が出てくるようになりました。

ここまで成長させるためには、私たちも空君が通っている療育センターにしばしば見学に行き、指導方法の勉強をしてきました。私たちは生活面や情緒的なことに関しては自信があるのですが、病気に対するアプローチの仕方など、例えば舌に問題がある空君の場合の指導は専門家の方と連携しながら行っています。

ケース5

【病名】広汎性発達障害

小泉 寅之助君（仮名）の場合

【症状】言葉が出ない。落ち着かない。騒ぐ。　【入園時期】3歳

★1年で言葉を話すようになり、歌を歌うようになる。

入園後1年で歌が歌えるように

言葉を話さない寅之助君は年少さんで入園しました。お友達が大好きで歌うことが大好きでしたから、先生がピアノを弾き、お友達が歌い出すとギャーギャー騒ぎ始めます。言葉が出ないのでギャーギャーと聞こえるのですが、自分では歌っているつもり。そうやって年少クラスを過ごした寅之助君も、年中クラスに進級する頃には、きちんと歌を歌えるようになりました。

年少で入園した当初は四六時中キーキー騒ぐのでトラブルになり、お友達が寄りつきませんでした。でも寅之助君はお友達が大好きでしたから、症状が改善するにつれて、本人も周りの子も普通に接することができるようになり、仲良く遊ぶようになりました。それでもうれしい時などは感情がピークに達して騒ぐこともありましたが、1年間でガラッと変わりました。

このように、言葉の臨界期である3歳児の段階で入園すれば改善も早いのですが、これが4歳になって年中クラスからの入園ですと、言葉の獲得が困

難になり、感情のコントロールももっと難しくなります。

家庭での食事を変えるだけでこんなに違う!

　実は、寅之助君のお母様も無表情な方でした。そして、家庭の食事の内容にも問題がありました。なんと、お母様は寅之助君にお菓子しか食べさせていなかったのです。というのも寅之助君はご飯を絶対に食べませんでしたし、キーキーと騒いで手がかかる。でもお菓子さえ与えていれば静かにしていてくれるからです。

　寅之助君のお母様は子どもはみんなこういうものだと思い込んでいました。また、寅之助君があまりにも手がかかるので、早めに幼稚園に入園させたいと考えて訪ねてこられたのです。私は、お母様と面談をしながら寅之助君の様子を観察し、また、入園後の活動中にもあまりに騒ぐので検査に行ってもらったところ〝広汎性発達障害〟ということがわかりました。

　そこで私はまず、寅之助君にご飯を食べさせるよう、お母様に指導しました。「この時期は血や肉や脳をつくる大事な時です。なのに、親がちょこちょこお菓子を食べさせてしまうからいけない。**いっぱい遊ばせてお腹をすかせるように仕向け、それでもご飯を食べないなら放っておく。おむすびを作っておけば、お腹がすいたら食べますから**」と伝えました。家での食事が改善されて以降、寅之助君はしっかり給食も食べるようになりました。

ケース
6

【病名】なし　勝沼 翔君（仮名）の場合

【症状】数字にこだわる。感情のコントロールができない。
環境の変化についていけない。

【入園時期】3歳

★新しく物事を始める時の導入に時間を割いて対応。

環境の変化をコミュニケーションで補う

翔君は算用数字やローマ数字に対する関心が非常に高く、たとえば時計の時報が鳴ると2階の教室からパーッと下りてきて、「今、何時？」と必ず聞きに来ていました。また、「お母さんは2時に来る？」と、お迎えの時間を確認しに職員室に何度も顔を出すのです。時間にとてもこだわるため、園でいきなり何かの活動に入ると必ずパニックになりました。そのため、担任は活動の導入時にしっかりと説明をしてから、活動を開始することを心がけました。

そうした段階を経て、翔君は小学1年生の時には「19人の仲間たち。僕の通った小さな島の幼稚園」というタイトルで、一人ひとりの特徴をうまくつかんだ絵を描いて発表したそうです。

この子は、病名がつくような問題を抱えているお子さんではありませんでしたが、生活経験が希薄な感じがありました。ですから翔君は急に幼稚園という

集団生活の中に入り、それまではいつも一緒だった大好きなお母さんから離れることになってしまったため、その心細さからお迎えの時間を先生たちに尋ねたり訴えたりして確認していたのです。

子育ちの力を見極め、才能を引き出す

環境の変化にうまくついていけないお子さんの場合には、丁寧に関わりを持ち、きちんと対応してあげれば問題なく育つお子さんもいますので、その子自身が持つ「子育ちの力」を私たちがしっかりと見極める必要があります。翔君の場合も、お母様が園を信頼してくださり、担任とのコミュニケーションを常に取っていただいたことが成功につながった事例のひとつです。

広汎性発達障害の子は、今現在どんどん増えています。問題があっても病名がつかない子というのは広汎性発達障害である場合がほとんどです。感情のコントロールが難しく、コミュニケーションが取りにくいという症状がありますが、それでも、**何がその子にとってつらいことで、そのつらさを取り除いてあげるにはどうしたらよいかを日々考えながら保育をすれば、その子の才能を引き出すことも可能になります**。

 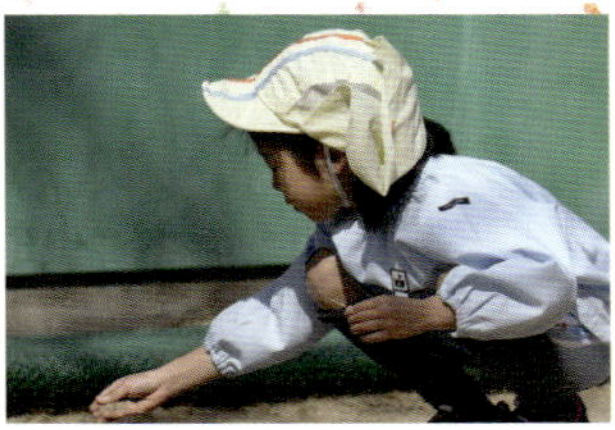 

ケース 7

【病名】アトピー性皮膚炎
松田 大介君（仮名）の場合
【症状】腕、顔に重度の炎症。【入園年齢】3歳
★食事を和食に切り替えたことで1年後に完治。

入園後1年でアトピーが完治

大介君の事例は、以前テレビのドキュメンタリー番組でも放送されました。大介君は重度のアトピー性皮膚炎を患っていました。悩んだお母様が3歳で入園させたのですが、私は「乳製品、白砂糖、卵を控えれば大丈夫」と伝え、給食と同様に家の食事も和食に切り替えてもらいました。すると、症状が徐々に改善し、1年後にはすっかりきれいな肌になりました。

子どもが健康に育つ和食

アトピー性皮膚炎については様々な見解がありますが、高たんぱく・高脂質によるカロリーの摂り過ぎや、食品に含まれる化学物質も原因のひとつといわれています。ですから、地元で獲れた有機野菜や和食中心の給食を食べ、家でも和食を食べていれば症状は改善します。大介君の場合は、肉や油、乳製品、砂糖の摂取を控え、和食中心の食事に変えてもらったことでアトピ

一性皮膚炎が改善に向かった代表的な事例です。

卒園の時、大介君のお母様が「小学校も、ふたば幼稚園のような和食給食だったら子どもたちが健やかに育ち、どんなにか良いでしょうに……」とつぶやかれた言葉が今でも私の頭の中に残っています。

ふたば幼稚園の園医さんはアトピー専門のお医者様です

うちの園医さんでもあります山口県下関市立市民病院の永田良隆先生はアトピー性皮膚炎の専門の先生です。食事療法でアトピーを治療される、この世界では知られた先生で『油を断てばアトピーはここまで治る』など、ご著書も多数出版されています。私は永田先生の講演をお聞きした時、アトピー性皮膚炎はこの先生にしか治せないと確信しましたので、当園の園医さんとしてご縁をいただけましたことをとてもうれしく思っております。

 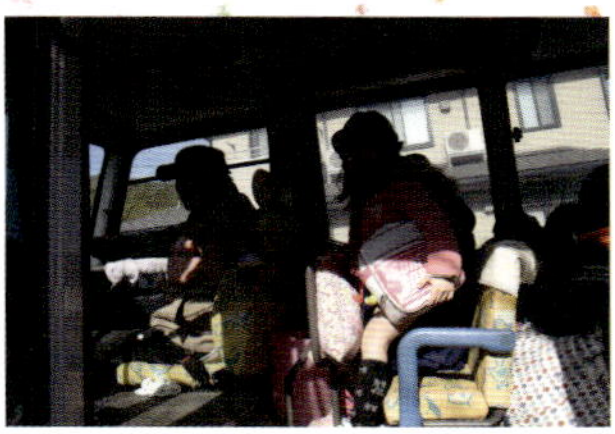 

ケース
8

【病名】自閉症　上村 雫ちゃん（仮名）の場合

【症状】コミュニケーション能力が低い。

【入園時期】5歳　★1年だけの通園で小学校は特別学級に入学。

1年だけの園生活

年長さんで入園した雫ちゃんは1年しか通えませんでしたが、小学校高学年になった今でも私たちのことを覚えていてくれて、私が小学校に参観に行くと「先生！」と言いながら寄ってきてくれます。

雫ちゃんは入園当時、ボソボソと独り言を言っているようにしかしゃべりませんでした。周りのお友達が「一緒に遊ぼう！」と誘ってきても、それをスーッと避けてしまう。お友達が元気に遊んでいる中、ただただずーっと立ち尽くしている、ということもありました。

そういう時には、職員はいちいち介入はしません。必要な場面になるまで待つのです。雫ちゃんはただ立って見ているだけではないのです。ニコニコと笑いながらお友達をジッと見ている。その状態の時は、自分もその中に入り込んで遊んでいるつもりでいるのです。だから、「一緒に遊びなさい」なんてことは絶対にしません。本人にとってそれは不快感となりますから。対応はケースバイケースです。

認知症が悪化するのは、「もう自分は家族の誰からも必要とされていない存在なのだ」と思った時からです。だから老人にも人生の最後に、いちばん重要な、人に与えられた最高の喜びというものを与えるべきで、それには、子どもたちに一役買ってもらいましょうよ。ウイン／ウインでいきましょう。

小崎 現場の保育士さんも安心できます。ご年配の方が子育ての場にいていただいたら、どんなに心強いことでしょう。

藤野 だから志賀島から発信していけばいいのです。私たちのような医療研究などと違い、幼稚園・保育園・学校などは高価な設備がいらないじゃないですか。土地の広さと建物の空間と人がいれば、必ずや実現できます。

小崎 あとは、「想い」ですね。真剣に子どもたちを変えていこう、この国の未来を変えていこうという強い気持ちありきです。

この対談は231ページから始まります。

ですね。そこで、お年寄りや子どもと一緒に料理をするとか、一緒に畑を作ったり、ご飯を炊いておむすびを作ったり。そういうことを今、すぐにでも始めないと、と思っています。素晴らしい知恵を持っていらっしゃるお年寄りの方が、だんだん歳を取っていかれてしまうので、急がなくてはいけないと思っています。

藤野●そこには村があって、中心に幼稚園があって、周辺に高齢者の快適な住まいがないとダメです。村の中心にある幼稚園の建物は立体構造で、そこには音楽堂や美術館があって、地元の食材を活かしたレストランにも子どもたちが食べるためのスペースがある。そういう複合的な施設が作れるといいと思うんです。それを私は「コ・コ・レスト計画」(Cosmo-Collaboration for Rest (Forest) Plan=やすらぎの宇宙の森プラン)と呼んでいます。

小崎●子どもとお年寄りが一緒に過ごす空間は、両者にとても良い影響を与えます。子どもの声を聞くということは、それだけで老人は元気になるようですよ。

藤野●私が治療で行っているのは、認知症の方になるべく外へ出かけてもらい、お孫さんに会いに行って、抱っこすることを勧めています。お孫さんがいない方には近くの幼稚園にご家族と共に行ってもらって見学をお願いしたり、子どもたちと一緒に園庭の草取りなどをしたりすると、とても元気になられます。老人を元気にする対策には絶対に子どもが必要なんですね。それも幼稚園児。小学生以上になると、おじいちゃん、おばあちゃんは「お小遣いをくれる人」ということになっちゃうから、厄介なんですよ(笑)

　人にとっての最高の喜びは何かといえば、いくつになってもそれは、人の役に立つことだと思うんです。認知症になっても変わりません。

てくれるのがお年寄りだと思うんです。今まで生きてこられた知恵を身体と心にいっぱい詰めていらっしゃるお年寄りから、その知恵を子どもたちに遊びを通して伝えていただく。すると子どもたちも、おじいちゃん、おばあちゃんの大事さがわかるし、そこには大きな相乗効果がいっぱい生まれてきます。お父さんとお母さんと子どもと幼稚園だけでは足りないものを、シニアの方やお年寄りの力が補ってくれる。すると、その場が素晴らしい大きなものになっていくと思うんです。

藤野　大いに賛成です。今、ふたば幼稚園で一番質の高い遊びを子どもたちに教えているのは、年齢を重ねていらっしゃる小崎園長先生。つまり最も楽しい遊びというのは老人しか知らないということです。おっと、失礼（笑）。

小崎　いえいえ（笑）。でも我々は、小さい頃にワクワクして遊んでいられた世代なんです。

藤野　だから遊びの教師として、外部から高齢者を入れないといけないですね。折り紙、竹とんぼ、編み物、竹馬、俳句づくり、習字、その土地その土地の伝統工芸品作り……今の親世代が残念ながらきちんと継承できなかったものですよ。そしてこれらの遊びのほとんどは、大いなる認知症予防となります。それから食べ物も、最も伝統的な食事っていうのは老人しか知らないんです。

小崎　ゲストティーチャーをたくさん入れたい

入れながら。でも、お母さんたちも子どもたちが育っていくのを見れば、自然とわかってくださると思うんです。慈愛と責任をもって温かく接していけば、子どもたちは必ず変わります。如実に変わりますから、そこで初めて、ふたば幼稚園がやっていることは正しかったんだということがわかってもらえると思います。

　ふたば幼稚園の親への指導は、今の親には少し厳しいかもしれませんが、幼児期に親業をしていただければ、あとはずっと楽なんです。もちろん、第3反抗期（親よりも友達のほうが大事になり、親の言うことを全く聞けなくなる時）が必ずやってきます。けれども、乳幼児期に安定した生活と必要な経験がしっかりと積まれてさえいれば、本人の自動修正ボタンが働き将来社会や人の役に立てることを喜びとするような立派な大人に成長します。ですから、お母様方には「今、サボると思春期に必ずきますよ！」とお話するんです。

藤野●鉄は熱いうちに打て、ですね。小崎園長らしいです。自由を与えて、「ハラハラ・ドキドキ・ワクワク・ゾクゾク」という気持ちが、人を健康にしていく。それを小崎園長は子どもたちに行っておられるし、私は医療者として、認知症の高齢者の治療に活かしています。子どもと高齢者の問題を追及していくことで、母親、父親、働く人たちが、自分の問題、世の中の問題に気が付いて救われていくのです。

医療、子育て、介護にかかる社会保障費抑制の秘策があった

小崎●だから私は、シニアの方やお年寄りと幼稚園児が一緒に活動できる施設、「老稚園（ろうちえん）」が必要だと考えています。子どもはこれから未来を作っていく希望の星です。その希望の星に、未来への正しい道を開い

※18 倉敷で子どもを叩いた保育士さん　2016年1月、倉敷市茶屋町の保育園で2歳児を担当していた20代と40代の2人の女性保育士が、複数の園児の頭を叩く、突き飛ばす、嫌いで食べられない給食を食べ続けさせる、お漏らしを放置するなどの行為を繰り返していたことが明らかになった。新聞報道によれば、「子どもたちが思うように動いてくれなかった」と20代保育士。同保育園の園舎は新築同様で明るく開放的。ハード面は充実していたが、ソフトの面に問題があった。

るけれど、子どものことを考えると胸が痛い」「現状の在り方で、この国に未来があるのでしょうか……」と。今、現場ではそういう想いを持っている園長先生や保育士さんがたくさんいるはずです。この声をどういうふうに国に届けたらいいか私はいつも悩んでいます。幼稚園や保育園がサービス化してしまい、教育や保育の質が落ちてしまっている現状が見え隠れし、ただただお母さんのためだけの保育園でしかなくなってきていることを感じています。働くお母さんが増えてきているなか、子どもたちをどうしても保育園に預けなければならない現状は確かにありますが、子どもたちが安心して通える子どものための保育園であってほしいと切に願っています。たとえば、1歳児からでは保育園に入園できるかどうか不安だからと、0歳児で入園できるように職場復帰を早めたりするお母さんもいます。片や現場では保育士さんが足りなくて保育士さんが疲弊している。

　保育士さんのストレスというのは今、すさまじいものがあります。先日、倉敷で子どもを叩いた保育士さん（※18）がいましたが、あそこは鳴り物入りでできた素晴らしい保育園でした。つまり、保育士さんのストレスがピークに達しているということです。

藤野●そうですよね。保育士さんの問題も、まるで介護施設現場で起きていることの相似形ですね。保育士、幼稚園の先生、看護師、介護士……現場を預かっているプロの人たちが、あまりに疲弊してしまっているのです。モンスターペアレンツ、モンスターペイシェント、モンスター家族という言葉も当たり前のように使われるようになりました。

小崎●それでも私は子どものための施設へと変えていきます。お母さん方の気持ちを受け

※17 育児休暇前の月収の何割かを育児中に支払う　雇用保険に加入していれば、一定の条件を満たすことで育児休業中でも月収の50～68%の給付金が支給されるという育児休業給付金制度は存在する。その場合、さらに社会保険料も免除になるため、両親、もしくは片方でも正社員や同等の労働環境にあれば、産後1年～1年半はある程度は安心して育児休暇を利用することができる。しかし、あくまでも雇用保険加入者の場合の話であり、非正規労働者や自営業の場合は育児中に存分に休業することは不可能。

転換をしなければならないと思います。

「お母さんが働けないから0歳児保育をする施設を増やす」ではなく、「1年、2年と育児に専念をしたあとでも、復帰を約束できる職場づくり」を優先すべきです。育児退職金（※16）や、育児休暇前の月収の何割かを育児中に支払う（※17）、などというルールをもっと充実させれば、子どもにとっては幸せな方向に向くと思うんです。

妊娠したとわかった時から、生後3カ月の赤ちゃんを預けるための保育園を探さないといけないなんて、お母さんも赤ちゃんも本当にかわいそうですよ。生後3カ月なんて、首が据わるか据わらないかの時期ですよ。まだお母さんの肌が必要な時期です。おっぱいもいるんです。赤ちゃんとお母さんとの信頼関係が築かれていく大事な時期に、「生後3カ月で赤ちゃんと離れていいですよ」なんて勧める専門家は、「子育て放棄していいですよ、愛情の薄い親子関係でも、あなたが職場復帰できるのなら構いませんよ」と言っているようなものです。もちろん、そういった時期から支援しなければならない母親の現状も確かにありますが、そこはケースバイケースでしっかり考えていく必要があるとは思いますが。

藤野●まったくその通りですね。

小崎●実際に現場の保育園の園長先生でさえ、そう仰るんです。「入れ物ばっかり作ってい

※16 **育児退職金**　小崎園長が必要だと唱える、育児のために退職する場合に支給される退職金制度。子どもの健全な発育のために、産後最低1年は、母親は赤ちゃんと共に過ごしてほしいと願う小崎園長の独自の案。

もう職場にはあなたの居場所がないですよ」なんて、決してやってはいけないことです。そんなことを言われるだけでも、ストレスが溜まって、子どもを生んだことを後悔してしまいますよ。ハッキリ言って、異常な社会システムです。

あのブログでの投稿は保育園を増やせという前半ばかりが取り上げられますが、後半には「児童手当を20万円にしてほしい、お金があれば子どもを産む人はゴマンといる、お金を出すか子どもにかかる費用すべてを無償に」と書かれています。たとえば、産後2年は安心して子育てできるだけの手当てがあれば、無理に保育園に預けて働きに出るお母さんも減りますし、保育士の人数が他の年齢よりも余計に必要な0歳児保育もいらなくなり、保育士不足解消、保育待機児童解消につながります。施設を増設したり、保育士を確保する予算を増やすやり方はここらで考え直し、方向

※15 子供の貧困の問題　OECD（経済協力開発機構）の基準に基づき、OECDや厚生労働省などが調査する。日本はどの調査においても世界的に見て子どもの貧困率が高く、2012年発表の厚生労働省『国民生活基礎調査』では16.3%と過去最高を記録。2016年4月公表のユニセフの報告書『子どもたちの公平性』において、日本は所得格差で先進国42カ国中下から8番目。

呼び戻すことができていると感じます。

「日本死ね」(※14)お母さんの叫びから見えてくること

藤野●重要な問題なのは、今世紀に突入してからわが国では一億総中流が崩れてしまい、ひとつの地域にいろいろな家庭が存在していることです。子どもの貧困の問題(※15)も、どんどん深刻化しています。空腹を満たすことで精いっぱい、という家庭が増えているのです。たとえ、お母さん方に極力和食にしてください、伝統を重んじてくださいと勧めたとしても、物理的にそれができない状況にある方が多数いれば、「そんな幼稚園行ける人はいいですね、現実はそんなものではない」ということになってしまいます。

小崎●悩ましい問題ですね。保育園に落ちたお母さんが、「日本死ね　私、活躍できないじゃないか」とブログで書いたことが国会で取り上げられるという異様な状況です。

藤野●「日本死ね」と発言された時点で、お気の毒なことに、あのお母さんは相当なストレス過多状態で脳疲労を起こしておられると思いますよ。それを、品がないとか、母親のくせに〝死ね〟という発言は何事かなど、国会議員は文句を言ったようですが、そういう次元の問題ではありませんね。

小崎●そうです。今こそ、0歳児保育について社会や国が真剣に考えなければなりません。このままでは、この国に明るい未来はありません。子どもたちが心身共に健康に育ってこそ国の明るい未来があろうというものです。つまり、子どもの育ちこそが国力につながっていく唯一の力です。子どもは国の宝なのですから。

お母さんが赤ちゃんを産んだらすぐに「社会参画を果たしてください」「1年以上休んだら、

※14 日本死ね　保育園の入園選考に落ちた母親が「保育園落ちた日本死ね!!!」のタイトルで、匿名ブログに心境を書き連ねた。その内容が共感を呼んでインターネット上で拡散されるが、「匿名である以上、実際に起こっているのか確認しようがない」と総理大臣が答弁したことで、さらに騒ぎが大きくなった。ツイッターでは、「保育園落ちたのは私だ」として同じ境遇の母親たちが書き込んだり、デモを起こしたりする事態に。

い行事がたくさんありますから、一年を通せば大変な勉強量です。小学校に上がってしまうと教科書の勉強が忙しくなり、そこまではなかなか先生も気が回らないでしょう。四季を感じ、日本の伝統文化を肌身で覚えるのはやはり、幼稚園からなのです。子どもたちにとってはまだ少し難しいことかもしれませんが、家に帰って、今日幼稚園で習ったことをすぐにご両親に報告するのがまたうれしいんです。「お母さん知ってる?」って、お母さんが知らないかもしれない情報を外で得てきた自分が誇らしいし、それをお母さんに伝えてあげようとする気持ちは、子どもの立派な愛情表現です。

3年前の出来事ですが、おはぎを持ち帰った翌日、お母様が目にうっすらと涙を滲ませながら「園長先生、昨日とても感動した出来事がありました。幼稚園から持ち帰ったおはぎを一番に仏壇に供え、小さな手を合わせたんです!」と仰いました。もちろん、それは私にとってもとてもうれしい出来事でした。子どもたちはちゃんとお話を聞いてくれているんだなぁ〜と、子どもたちのキラキラ光る眼が浮かび、こちらもとても感動しました。だから、ぜひ、お母さん方は、どんな話であってもきちんと子どもの話を聞いてあげてほしいのです。「今日はどんなことがあったの? その時どんなふうに思ったの?」と毎日わが子に訊ね続けることは、簡単なようでいて難しい。でもたったそれだけのことで、子どもは変わっていきますよ。賢くなります。

藤野「子どものためにやっている教育が、ひいては親を育てることになる」ということですね。つまり、ふたば幼稚園の教育というのは、伝統的な日本文化を呼び戻す文化運動と考えてもいいのではないでしょうか。結果として食文化以上に、もっと広い日本の伝統文化を

方も、少しずつ伝統食の大切さに気付いてくれるようです。私は、園児たちにはただ単に味噌汁作りやたくあん漬け教室をするだけでなく、これはどんなふうに体に良いのか、どれほど昔からこの国で食べられてきたのかも、ちゃんと説明するようにしています。園児たちはとても興味深く耳を傾けていますよ。もちろん、お母さん方にも梅干し講習会やふたばママクッキングを通して和食の素晴らしさに気付いてもらい、園と家庭とが共通理解を深めながらの和食中心の食育活動を展開しています。

藤野● 幼稚園児が味噌汁作りやたくあんの話に耳を傾けるとは驚きですね。

小崎● ふたば幼稚園では子どもたち自身の手で田植えと稲刈りをしたもち米でおはぎ作りもしていますが、おはぎをお仏壇に供えることや、お仏壇に手を合わせる意味まで説明します。わが国には二十四節気に則って、素晴らしで、特別なことは何もしていません。

藤野●料亭の和食ではなく家庭料理としての和食ということですね。仰る通り、今の日本人には食文化を取り戻すということがとても重要になっています。食文化を失うことは、健康を失うことと同義でしょう。ファストフードや保存料や化学物質を投入したファミリーレストラン、コンビニ食品の危険性に麻痺している若いお母さんと、その犠牲となっている子どもたちをなんとかして助けたいのです。ふたば幼稚園のお母さん方は食文化の大切さを小崎園長から実地で学んでいるけれど、そうではないお母さん方が、子どもを犠牲にしないようにするにはどうするか。そのためにも、この本を出版することは重要なのではないでしょうか。

小崎●ふたば幼稚園では子どもたちの日々の食事内容をお母さんたちに書き出してもらう取り組みを10年以上行っていますが、新入園児のご家庭などは朝からスナック菓子とジュース、アイスクリーム、ドーナツ……と、毎朝の食事がおやつの時間と化していることがあり、驚きます。しっかり朝食を食べている子どもほど学力・運動能力が高いというデータは、ずいぶんと前に農林水産省が出しているのですから、由々しき事態です。

　それでも、園での味噌汁作りやたくあん漬けの話を子どもたちがうれしそうに報告したりすると、朝食をおやつ化させていたお母さん

藤野武彦
プロフィール

1938年福岡県生まれ。医学博士、九州大学名誉教授。医療法人社団ブックス理事長、NPO法人BOOCSサイエンス代表理事。九州大学医学部卒業後、九州大学第一内科講師、九州大学健康科学センター教授を経て現職。脳疲労概念とその具体的治療法であるBOOCS理論を提唱、東京、福岡のクリニックで認知症治療を行っている。『認知症はもう不治の病ではない!』（ブックマン社）ほか著書多数。

言えませんが、昔の子どものほうが、うれしい時も、悲しい時も、手足をバタバタと動かして、大きな声を上げて、いろんな表情を見せてくれました。わんぱくで子どもなりの喜怒哀楽がありましたが、今、非常にそれが希薄になっているような気がします。ただ、騒々しくて落ち着きがない……といった感じです。

藤野 動きも少なく、表情がない子どもたち……それはまるで、認知症の症状ですね。

和食が病気を防ぐ理由
小魚のカルシウムの吸収率は
牛乳より高い!?

小崎 私は何も、頭ごなしに欧米型の食事を全否定しているわけではありません。たまにはそういう日があっていいのです。だけど、これほど自分の国の伝統食をおざなりにしている国は他にないんじゃないか、と素朴な疑問があるのです。食事というのは、本来、その地に生きる人々の生命に密着して、古い時代から継承されてきているものです。「日本人がご飯と味噌汁を食べなくなった」ということが社会問題になるほどです。でも、イタリア人がパスタを食べなくなった、フランス人がフランスパンを食べなくなった、なんて話は一度も聞いたことがありません(笑)。それは彼らが、自国の食文化を愛し、それが身体に合っているからですよね。それなのに、日本は豊かになり過ぎて、いろんな国のいろんな食事を食べることが良いことだ、と勘違いをしてしまったという一面もあるのではないでしょうか。妊婦さん、お母さんだけでなく、すべての日本人の身体には、自分が生まれ育った地域の郷土食や、昔からおばあちゃんが作ってきた、そういう料理が合っていると思うのです。だから私は当たり前のように、地元福岡の食材を中心とした給食を提供しているだけて母乳推進運動をやりました。どうすればお母さんに美味しい母乳を出してもらえるかを研究し、母乳の乳質の違いを比べてみました。すると、いわゆる和食を食べていたお母さんの母乳は、米のとぎ汁のようにさらっとしているのです。しかし、脂っこい食事を食べ続けていたお母さんの母乳は、バターを溶かして混ぜたミルクのように黄色くてドロドロしている。それら両方を赤ちゃんに飲ませてみると、米のとぎ汁様のほうが、赤ちゃんはよく飲むのです。

小崎●そのほうが赤ちゃんもおっぱいに吸い付きますよね。ほんのり甘くて美味しいはずです。昔、母乳が出ない母親はご飯が炊き上がる寸前の〝おもゆ〟を冷まして赤ちゃんに飲ませたほどですから、赤ちゃんにとってはとても美味しいはずです。反対に黄色っぽいドロドロの母乳だと、赤ちゃんは喜ばない。不味いと乳首に噛みついたりします。「お母さん、なんだか美味しくないよ」って言っているんですよ。

藤野●ドロドロの母乳を出すお母さんは、乳腺炎（※13）にもなりやすいのです。それでおっぱいが腫れてしまうと赤ちゃんに飲ませられないし、お母さんも苦しくて結局、両方が困ってしまいます。この激痛を経験すると、母乳をやめたくなるお母さんも出てきます。だから、「母乳を飲んでくれない」というのは、子どもに問題があるわけではなく、お母さんの身体がおかしくなっているわけです。まずはお母さんの食生活を見直すべきです。もちろん出産前からの食生活ですね。

小崎●幼児教育の現場で長年子どもたちを見ているといろんなことに気が付くのですが、10年前、20年前の子どもよりも、今の子どもはずっとおとなしくて静かなんです。それは一見、良い子に見えるかもしれませんが、果たしてそれでいいのでしょうか。もちろん一概には

※13 乳腺炎　乳腺の炎症。一般的には、赤ちゃんがおっぱいを吸ってくれずに乳汁が溜まることで起きる（化膿性以外）。初産のお母さんによく見られる症状で、乳房がパンパンに腫れて硬くなり激痛を伴う。湿布やマッサージを施したり、人に吸ってもらうなどして、とにかく溜まった乳汁を出せば回復する。

情を感じとることもできず、労苦だけが残っている母親が増えていることが気がかりです。

小崎●そうなんです。母乳をあげている時は本来なら、お母さんだってワクワク・ドキドキするはずなんですよ。美味しい母乳が出ていれば、空腹の赤ちゃんは夢中で吸いつきます。吸われている時の皮膚感覚はもちろんのこと、ウックンウックンと飲んでいる音を聞くとか、その表情を見るとか、五感で幸せになれる貴重な時間のはずなのです。

藤野●そう、授乳という行為そのものが、母子が作り出す最たる心地良さの空間なのです。その心地良い場が、不快の場になっていたり、すでにその場自体が与えられていなかったりすると、母子関係全体に歪みができかねません。また、成分的に見ても、やはり母乳に敵うものはない。先に申し上げたように、母乳からダイオキシンが出た事件があった頃は一時期「危険だから母乳を飲ませてはいけない」と母乳反対運動が起こったこともありました。これは非常に残念なことでした。赤ちゃんが最初に飲む初乳は、免疫ミルクとも呼ばれ、ウイルスに対する抵抗力や細菌に対する抵抗力をつける免疫活性物質がすべて入っていて、生まれたての赤ちゃんにはそれが一番必要なのです。つまり、母乳を飲まないということによる害のほうが、ダイオキシンの毒よりも大きい。

　だから我々は当時、母乳研究会を発足させ

※12 **オキシトシン**　脳下垂体から分泌されるホルモンのひとつ。子宮の収縮を促進させるホルモンであり、薬剤としては陣痛誘発剤や子宮収縮薬として使用されるが、乳腺に作用して母乳の分泌を促す作用がある。人間の愛情や信頼などに関係ある物質と考えられている。

んじゃないのかな？」とあらぬ不安を抱く若いお母さんも多いのです。

藤野●そんな時に、それを乗り越えられるのは、母乳を飲ませている時のわが子の幸せそうな表情だったりするわけです。「この子のためならどんなつらいことでも辛抱できる、と思えるほどの愛情を感じる瞬間」だと仰るお母さんは多いですね。授乳中のお母さんには、脳内でオキシトシン（※12）という、愛情ホルモンと呼ばれるものが分泌されていることがわかっています。

昔は、子どもが転んで膝を擦りむいて泣いたりすると、「痛いの痛いの、飛んでいけ～」とお母さんが膝をなでて空の方向へ投げるボディランゲージをしていませんでしたか？　最近はあまり見かけませんが、実は、あの「痛いの痛いの、飛んでいけ～」の瞬間に、子どもの脳の中でオキシトシンがたくさん出ているという研究報告もあるのです。まさに、母の愛情に勝る治療はないということではないでしょうか。

小崎●確かに子どもというのはある瞬間に、それはもう千両役者も顔負けというくらい他人を惹きつける素晴らしい表情をしますね。

藤野●母親は、その表情に魅惑され、ハッピーになり、さらにオキシトシンが脳内で分泌するはずなのです。それが、母乳がなかなか出なかったり、美味しい母乳をあげられなかったりで、そのハッピー体験がなく、わが子から十分な愛

※11 **毎年恒例の発表会**　ふたば幼稚園で毎年行われるクリスマスお遊戯会のこと。保護者を招いて、園児たちの演劇や踊り、合唱などを披露するほか、地球環境や平和などをテーマにした先生の創作ミュージカルなど、ふたば幼稚園ならではの演目が並ぶ。障がいのあるなしに関わらず、すべての園児が参加する。

これだけしゃべれなかったら病気、何歳でこれができなかったら自閉症と決めてかかりがちですが、それがまず間違っていると思うんです。子どもって本当に個人差があります。そうした決めつけは、「うちの子、もう3歳なのに一言もしゃべれないんです、どうしましょう……」と、お母さんを追い詰めることになりかねません。

藤野●それはもう、小崎園長の言われる通りですね。認知症治療でも同じことが起きていますよ。認知症のテストをやって、何点取れなければ軽度認知症、何点取れなければ重度の認知症……といったふうに、医療はすべて、判定（決めつけ）から始まっています。しかしそれでは、実は患者さんのことをちっとも幸せにできないのです。悩ましいですね。

　そうした意味でも、ふたば幼稚園には希望があります。とにかく、お母さん方には常にハッピーでいてほしいのです。追い詰められて、ストレスホルモンを出すよりも、お母さん自身がハッピーでいるほうが、ハッピーホルモンが出て子どもたちの頭が良くなるんですよ。

母乳が母子のスキンシップを支えている

藤野●ストレスを溜めずにと言っても、それでも産後のお母さんは、特に最初の数カ月というのは夜も眠れないようなきつい時期で、肉体労働の期間が続くでしょう。

小崎●どうして泣き止まないの？　どうして眠ってくれないの？　と悶々とする時期は必ずあります。本当につらい時期ですよ。特に最近は核家族のご家庭が多いから、「赤ちゃんとはそういうものよ、心配しなくてもいい」とすぐにアドバイスをしてくれる子育ての先輩がそばにいないし、今はおばあちゃんと一緒に暮らしている人は少ないので、「うちの子、おかしい

※10 子ども愛せない症候群　何らかの理由で自分の子どもに愛情が湧かないことに悩むだけでなく、そんな自分に罪悪感を覚えてうつ病になる状態。「わが子を愛せない症候群」とも呼ばれる。たとえば、子どもがぐずったり、食事をこぼしたりするというだけでも手を上げてしまい、その都度、自責の念にとらわれることを繰り返して発症する。

う決めつけは、おこがましいのかもしれません。

小崎●大人が一番賢いなんて思っていたら大間違いです。エジプトのピラミッドなどの世界の遺跡も、今の人類の力で同じものを作れと言われても作れない、そういうものが世界にいくつもある。それと一緒で、やっぱり子どもたちは、まだ地上に生を受けて間もない存在だから、そんな潜在力がある。わが子の発語問題に悩むご両親が、「4歳から入園させたい」と希望を出された時、「4歳からでは育てる自信がない。入園させるなら3歳からですよ」と申し上げることがあります。とは言っても、実は私にも自信はないんですよ。「ほんとに言葉が出るかしら……」って。でも、小さければ小さいほど外から受ける影響はとても大きなものがあると、いろんな状況のお子さんを見てきて感じるのです。

藤野●結果が出ているから大丈夫です。

小崎●3歳の時には奇声しか発してなかった子がいました。お歌は歌うけどキーキーキャキャーしか言わないから、周りの子は遠巻きで見ている。その子はお歌が大好きなだけなんです。でも、声はたくさん出すけど言葉じゃないし歌詞でもなかったんです。でもそれが、1年経った頃には見事に歌うようになりました。とても素敵な歌声です。友達同士のコミュニケーションも上手くいき、3歳から4歳のたった1年でみんなと同じような行動ができるようにったのです。本当に素晴らしく成長しました。

藤野●先日私も、ふたば幼稚園の毎年恒例の発表会(※11)を観に行きましたが、それはそれは素晴らしかった。プロ顔負けのミュージカルです。思わず涙が出ましたよ。

小崎●ただ、その一方で、幼児期の年齢による決めつけは無意味だという考えも持っています。今の小児精神医療の現場は、何歳の時に

※9 脳疲労　藤野医師が1991年より提唱している概念。運動し過ぎると筋肉が疲れるように、ストレスが多過ぎる、つまり情報過多になると、大脳の新皮質と旧皮質が離反する。そのことによって間脳が混乱し、「脳疲労」状態となり、それが生活習慣病や心身症の引き金になるという考え方。藤野医師は、長年にわたり脳疲労の解明と解消法の実証に努めながら臨床現場であらゆる患者さんを診てきた。

脳の新皮質、高次機能のところに中枢がありますから。そこで言葉を受信して発信をするわけで、発語が始まったということは、複雑な神経回路が形成されたという証拠なんです。医療者の目から見ると奇跡的です。

小崎●子どもというのは、子ども同士の周波数のような、大人が持っていない周波数を持っているんじゃないかと思う瞬間があります。大人が言葉や発音を教えても、そううまくはいかないはずです。要するに子どもたち同士で、同じ周波数の刺激の中で、言葉を獲得していくんじゃないかと思うんですね。そういう場面にたびたび遭遇します。

藤野●なるほど、おもしろい見方ですね。だとすればとても医者には真似できないわけです。情報伝達機構として、言語よりももっと高次のものを、実は子どもは持っているということですね。言語が最も高次な情報ツールだとい

※8 ADHD　自閉症スペクトラムのひとつである注意欠陥多動性障害のこと。じっとしていることができない・落ち着かない（多動）、集中力が続かない・忘れっぽい（不注意）、思いついたら深く考えずにすぐ行動する（衝動性）の三大症状がある。

養育環境不適などが挙げられますが、医療者は、子どもを診てこれらの病名を診断することができても、しゃべれるまでもっていくことはなかなか難しいのが現状です。それを小崎園長は、らくらくとやってのけてしまうから驚きです。

小崎●もちろん、すらすらとしゃべれるようになるわけではありません。でも、年少さんの時は「あー、うー」しか言えなかった子が、年中さんになって、「せんせい、ありがとうございました」「ごちそうさまでした」「さようなら」とハッキリ声に出せるようになる園児もいて。その時は、本当にこちらも幸せな気持ちになりますし、良かったね！　と、その子を抱き寄せ、頭をなでます。お母さんのことも抱き寄せたいくらいです。お母様もご家族もお子さんの育ちと真剣に向き合っておられますので。

藤野●それがすごいですね。言語というのは大

※7 多種多様の化学物質　食品添加物といわれるものには、保存料、甘味料、着色料、香料、乳化剤などがあり、食品の製造過程または食品の加工や保存の目的で使用される。特にファストフードやレストランチェーン、コンビニの弁当など、工場で製造されている食品は長期の保存が必要であり、全国的に均一で味を長い期間保たせるために様々な添加物が用いられている。

った」とは言えないのかと言えば、そうではないのです。私は今、医師として日々、認知症の患者さんに向き合っていますが、発達障害の子も認知症の方と同じで、下り坂だった症状が人との関わりやケア、教育によって上り坂になっていきます。

たとえば、アルツハイマー病という診断は変わらずとも、先月は奥さんに向かって、「あなた誰ですか？」としか言えなかった人が、今月は、「いつもすまないね、愛しているよ」と言えたのなら、それは「良かったですね、治ってきましたね」と言ってもいいのではないかと思うのです。

小崎●なるほど。そういう意味で言えば、私はたくさんの子どもたちが、わが幼稚園で治っていく姿を見させてもらいました。

藤野●ネガティブに進んでいた状態が止まる、またはポジティブな方向に進む。それはやっぱり「治っている」という表現のほうがわかりやすいでしょう。「治っていく」課程として、一番先に気付くことといえば、お年寄りでも子どもたちでも、日常生活で顔の表情が戻っていくことですね。

小崎●そうですね。子どももお年寄りもそれは同じですね。表情、そしてなんといっても、目に生命力を取り戻して、輝きが出てくるのです。ストレスから脳疲労を起こし、脳の状態に異常をきたした子どもは、笑うことが難しくなるだけではなく、目に活力がなくうつろな表情をしています。反応も鈍く動作もとても遅いです。

藤野●ふたば幼稚園に入園した子どもたちは、表情が変わるだけでなくて、発達障害や自閉症の子たちがしゃべるという奇跡が起こっています。言語発達遅滞の原因として、聴力障害や発達性言語障害、精神遅滞、自閉症、

※6 副腎皮質ホルモン　副腎の皮質から分泌されるホルモンの総称で、炎症を抑えたり、炭水化物の代謝を促したり、免疫反応を起こす。ストレス、病気、ケガなどあらゆる影響によって分泌される。副腎は左右の腎臓の上に1個ずつある内分泌器官で、内側が副腎髄質、外側が副腎皮質。

させるサポートです。ふたば幼稚園に通うことで、母親が救われ、子どもが元気になっていくという良い循環を生み出しているようです。

ふたば幼稚園ではさらにもうひとつ「人をより元気にさせる」という一番シンプルで一番重要なことを実践していますね。それは、「遊びつくす保育」の中で生まれる「ハラハラ・ドキドキ・ワクワク」感に秘密があります。「ハラハラ・ドキドキ・ワクワク」しないと、人の脳というのは、活性化しないのです。今はどちらかというと少しでも普通の子と違う場合、幼稚園でも小学校でも特別扱いをして隔離しようとします。これは最も危険なことなのです。閉じ込められたら、「ハラハラ・ドキドキ・ワクワク」を味わうこともできなくなります。

ふたば幼稚園がすごいのは、お母さんの妊娠中に、脳に異常が起こった子どもたち、生まれた時から少し違う症状が出ている子どもたちが、幼稚園生活で「ハラハラ・ドキドキ・ワクワク」していくうちに改善し、治っていく例すら見られることです。ここに世界を変える大きな夢があります。

小崎 ありがとうございます。仰る通り、ちょっと普通じゃないからといって、特別扱いして隔離するという発想は、ふたば幼稚園にはありません。ほとんどの園もそうだと思います。だから、障がいを持っている子も、みんなと一緒にできることが日に日に増えていくのです。たとえ脚にハンデがあっても運動会では走りますし、岩登りもします。6歳までに頑張った記憶があれば、小学校に行っても頑張れるんですよ。でも、「治っていく」と言うと、ちょっと語弊があるかもしれませんが……。

藤野 「治っていく」というのは、医療用語の「完治した」ということかと言えば、そうではないでしょう。しかし、「完治」しなければ、「治

※5 カテコラミン　ストレスを受けると急増するホルモンの一種で、アドレナリン、ノルアドレナリン、ドーパミンといった物質の総称。副腎の内側の髄質から分泌され、神経伝達物質として重要な働きをする。胸の高鳴りや血圧上昇、発汗、血糖上昇、覚せい、血液凝固系の高進などを起こし、心臓や脳、筋肉への酸素やエネルギー供給を増加させる。

悲劇的な虐待事件も増えていますね。まだ言葉がわからないから罵っても大丈夫だろうなんて、わが子を冒涜するのも甚だしい。子どもはすぐに、愛してくれていないことを悟ります。子どもはお母さんが何を言ったか、どんな表情をしたのか、ちゃんと覚えているのです。〝愛されていない〟と感じた子どもは、そのストレスで子ども自身が脳疲労を起こす。結局、生まれたあとにも母親の食事とメンタルが子どもを病気にしてしまうのです。

小崎●そうなんです、子育ては思い通りにいかなくて当然なのに、それを理解しない親が多いのです。そういう母子には幼稚園、保育園でなんとか対応していかなければと思っています。

人間をより元気にさせる！ふたば幼稚園の教育

藤野●そういった厳しい現実があるなかで、ふたば幼稚園ではまず、病気を起こす2つのメカニズムを排除する取り組みを続けておられますね。

ひとつは、給食で伝統的な和食を提供すること。たとえば、ハムやベーコン、マーガリンやケチャップ、輸入物の缶詰などを使わず、和食にするだけで化学物質の摂取量も自ずと減らすことができます。

もうひとつは、母親のメンタリティーを安定

※4 ストレスホルモン　ストレスを受けると発生するホルモンの総称。コルチゾールやアドレナリン、ノルアドレナリンなどがある。ストレス状態が長く続くとストレスに対抗するホルモンが分泌されるが、それが長期間続くと副腎に負担がかかり、内分泌機能が働かなくなる。結果、体の防御能力が落ち、成長ホルモンが働かなくなったり、免疫系の病気を発症したり、認知症になりやすくなるなど、あらゆる病を引き起こす。

は、ＡＤＨＤ（※8）などの発達障害や、子どもたちの身体の異常は、お母さんの妊娠中の食事の内容と、その時期のお母さんのメンタリティー（心理状態）が強く影響していると推測しています。常に危険な食事とストレスにさらされている現代のお母さんは、脳疲労（※9 ストレスにより脳を働かせ過ぎて、疲れた状態）を起こしているため、そのお母さんから生まれてくる子どもたちの脳も、胎内ですでに脳疲労を起こしているのです。

小崎●生まれたばかりの出産ほやほやの赤ちゃんには、なんの柵《しがらみ》もストレスもないと思っていたのですが、すでに胎内で異変が起こっているとは……これは大問題ですね。

藤野●妊娠中にストレスで脳疲労になったお母さんたちの多くは、出産してもその脳疲労を引きずって、いや、今度は子育てのストレスでさらに強い脳疲労を起こしていく可能性が高いわけです。そういうお母さん方が、わが子の食事内容にどこまで向き合うことができるか……。良い内容の食事を与えられるとはとても思えません。

妊娠中に脳疲労を起こしていた母親は気持ちの余裕がなくなっていますので、言わば「子ども愛せない症候群」（※10）になっていて、子育てが思い通りにいかなければ〝自分の子どもを愛せない〟ことが自責の念となり、それが逆転して自分の子どもを攻撃してしまうのです。

※3 妊娠中に飲んだ薬の影響で赤ちゃんに障がいが出たり　妊娠中に服用してはいけない薬の筆頭がサリドマイド。日本では睡眠薬や胃腸薬、つわり抑制剤として1958～62年まで市販されていたが、妊娠中に服用した母親から手足が極端に短いアザラシ肢症の奇形児が産まれたことで発売中止に。結局、サリドマイドは世界規模の薬害被害を引き起こした。この事件以来、妊娠中に服用する薬物の胎児への影響を心配する声が上がるようになった。

それは、コンピューターのプログラミングで出現するバグと同じで、プログラムにちょっとしたウイルスが入ってパタッとパソコンが動かなくなるようなことが、人間の脳に起こるのです。成長期の人間の脳はハードウェア（脳細胞）と共にプログラムも一緒に作るという、とても繊細かつ緻密なことをしています。

それをお母さんの子宮内で、妊娠早期に行っているのです。もし、その時期にお母さんが幸せではなかったり、大きな不安を抱えてストレスを受けていたりすると、赤ちゃんの脳にまで異常な介入をやってしまうわけです。

小崎●お母さんの置かれた状況が赤ちゃんにそこまで大きな影響を及ぼすとは想像以上ですね。赤ちゃんができた、うれしい！　と素直に思える安心した環境で過ごせるかどうかは、お母さんではなく、家族全体の問題です。もっといえば社会全体の問題ですね。

藤野●妊娠中のお母さんが家庭や職場でストレスを受けていると、お母さんの脳も疲れ果ててしまい異常が起きます。たとえば食事が乱れ、お酒やたばこ、ファストフードなど身体に悪いものを欲してしまうのです。どなたにも経験があると思いますが、濃い味や脂っこいもの、刺激的なものを欲している時というのは、実はストレスがかかっている時なのです。そして、そういった食品や飲み物には多種多様の化学物質（※7）が多量に使われていることが常ですから、胎盤を通して栄養素と共に赤ちゃんの脳にこの化学物質が入り込むと、脳細胞は次の正常な段階に発展できなくなるのです。

小崎●心が落ち着いて幸福感に満たされている時は、やさしい食べ物で十分に満たされます。妊娠中のストレスが、悪い食生活を引き起こしてしまうのですね。大変な悪循環です。

藤野●もちろん様々な要因はありますが、私

※2 ダイオキシン入りの牛乳　ごみ焼却場や農薬工場などから排出されるダイオキシンが牧場などに降り注ぎ、その牧草を食べた牛の乳にダイオキシンが含まれていた問題は、さらにその牛乳を飲んだ母親の母乳からもダイオキシンが検出されたことで、母乳反対運動に発展した。近年、牛乳アレルギーの原因が、ダイオキシンをはじめ化学物質にあることもわかってきた。

健康に生まれてくることが狭き門になってしまった現代

小崎● 今はもう、健康に生まれてくることが狭き門になってきていることを痛感します。私が見ていても、子どもの5人に1人はアトピーか発達障害か喘息か肥満か、何かしらの疾患を持っていると感じているのですが。

藤野● 人間の脳の設計図は、お母さんの妊娠早期から作られるといわれています。その頃にお母さんが2つの要因にさらされると、赤ちゃんの脳に異常をきたす可能性が考えられます。要因のひとつは、妊娠中のお母さんの食事の内容です。過去には、ダイオキシン(※1)が含まれた米油を摂取した妊婦から生まれた赤ちゃんに知的障害が出たり、ダイオキシン入りの牛乳(※2)を飲んだお母さんの母乳にダイオキシンが含まれていて問題になったり、妊娠中に飲んだ薬の影響で赤ちゃんに障がいが出たり(※3)と、妊娠中に摂取した毒物が赤ちゃんに影響を及ぼすことは歴史的にも科学的にも証明されています。

小崎● 妊娠中の食事というのはとても重要ですよね。

藤野● 食事と同様にもうひとつ重要な要因が、その時期のお母さんのストレスです。人はストレスにさらされるとストレスホルモン(※4)が血中に出ます。それは妊娠中のお母さんの血圧を上げたり、急に不安にさせたりします。具体的にはカテコラミン(※5)というホルモンですが、さらに副腎皮質ホルモン(※6)も過剰に分泌されます。そういうホルモンが一気に出ると、赤ちゃんの脳の設計図が狂ってくるのです。脳細胞が分裂する際に、設計図通りに分かれるはずだったものが、間違ったレールを走るようになり、異常な発現を起こすのです。

※1 ダイオキシン　人間の健康や生態系への影響が強い毒性の物質。発がん物質に指定されている他、植物・動物の奇形の発生を促す。ごみの焼却や、農薬・除草剤の製造過程で発生、粒子に付着して地上に落ちて土壌や水を汚染し、川や沼などに蓄積される。プランクトンや魚介類の食物連鎖で人間や生物にも蓄積されていく。ベトナム戦争時に使用された枯葉剤にも含まれ、奇形児が生まれる原因にもなった。食品に含まれるダイオキシン類については、厚生労働省が定期的に調査を行い結果を公表している。

巻末特別対談

ふたば幼稚園メソッドなら子どもの脳が生き返る

小崎孝子（ふたば幼稚園園長）

「慈愛と責任を持って
温かく接すれば
子どもたちは
必ず変わります」

×

藤野武彦（九州大学名誉教授・医学博士）

「子どもたちの表情が
生き生きしてくるのが
ふたば幼稚園の教育ですね」

子どもの成長と向き合う小崎園長先生と、
お年寄りの認知症治療に尽力する藤野先生。
一見、お二人は全く別の道を歩いているように見えますが、
実は共通の想いを抱かれています。
巻末対談では教育、子育て、少子高齢化等、
現場ならではのお話を存分に語っていただきます。

●著者プロフィール　**小崎孝子**（こさきたかこ）

1947年福岡県福岡市志賀島生まれ。近畿大学九州短期大学保育科卒業。学校法人　ふたば幼稚園園長。平成9年に有害紫外線対策の〝サン・カット帽子〟をオーストラリアから取り寄せ、いち早く導入し環境省のマニュアルに掲載される。平成12年より伝統和食を基本とした「真の食育」活動に取り組むなど、子どものための保育を追及。平成18年度より福岡女子大学や下関市立中央病院の小児科医らとともに「子どもの食育を考える会」を立ち上げ、家庭における食事調査・健康調査・生活調査などを通して和食効果を研究。平成27年度から広島大学大学院教育学科の七木田敦教授らとともに『遊びの保育を通した子どもの運動力』についての協働研究を開始。平成16年農林水産省による「地域に根差した食育コンクール」で特別賞受賞を皮切りに、食育、農業、環境教育関係で数々の賞を受賞。

日本の伝統食を給食に取り入れ、子どもの自由を保障した遊びつくす保育を徹底することで、発達障害、自閉症、アトピーの子らを改善に導き、「奇跡の幼稚園」として、テレビ、新聞、雑誌などで多数取り上げられる。子どもの健やかな育ちのための「食育と遊び」について、全国各地で講演会を行っている。

学校法人 ふたば幼稚園　http://www.futaba-youchien.jp/
〒811-0323 福岡市東区大字志賀島1735-116

6歳までにかしこい脳をつくる
奇跡の幼稚園メソッド

2016年7月21日　初版第一刷発行

著者　小崎孝子
協力　藤野武彦
ふたば幼稚園の園児の皆さん、保護者の皆様
ブックデザイン　近藤真生
写真　国見祐治
イラスト　藤原ヒロコ
イラストマップ　角慎作
編集　長澤智子　下村千秋　小宮亜里
発行者　田中幹男
発行所　株式会社ブックマン社
〒101-0065　千代田区西神田3-3-5
TEL　03-3237-7777　　FAX 03-5226-9599
http://www.bookman.co.jp

ISBN 978-4-89308-863-5
印刷・製本：図書印刷株式会社